新学習指導要領対応

今の授業にプラスα
理科

浅井 正秀 編著

日本標準

はじめに

　これまでの日本の理科教育では、意欲的に問題解決を行うことにより、児童は、科学的に物事を考え、それを表現する力がつき、観察・実験の技能が高まり、知識・理解を定着させることができてきたといえます。それは、国際学力調査での理科の平均得点が向上したという成果として現れていることからもわかります。

　しかし、日本の子どもたちの理科を学ぶことに対する関心・意欲や意義・有用性に対する認識については、国際的にみても、肯定的な回答の割合が低い状況にあります。さらに「観察・実験の結果などを整理・分析した上で、考察し説明すること」などの能力に課題が見られることが明らかになっています。

　新学習指導要領では、これまでの理科教育の考え方をさらに進めて、基礎的な知識や基本的な観察・実験の技能を身につけ、そして科学的な探究能力や問題解決能力を身につけることで、思考力、判断力、表現力を伸ばしていこうとしています。

　新学習指導要領では、子どもたちに身につけさせたい資質・能力として、「知識及び技能」、「思考力、判断力、表現力等」、「学びに向かう力、人間性等」の三つの柱を挙げています。

　現行の学習指導要領では、各学年で培いたい問題解決の能力のキーワードは、3年「比較」、4年「関係付け」、5年「条件制御」、6年「推論」です。

　新学習指導要領ではその考えは残しつつ、比較したり関係付けたりしながら、3年生は「問題を見いだす力」、4年生は「根拠のある予想や仮説を発想する力」、5年生は「問題を解決する方法を発想する力」、6年生は「より妥当な考えをつくりだす力」を身につけさせるようにします。

　そのためには、どのように授業を展開すればよいのかということを念頭に置いて、指導計画を立てていくことが重要になります。

　この本を読めば、新学習指導要領をどう捉えればよいかが理解でき、だれでも新学習指導要領に沿った理科の授業ができるように構成しました。新しい学習指導要領といっても、これまでの問題解決の考え方をさらに深めている内容なので、今の授業にプラスαすると思っていただければわかりやすいです。

　この本を読み、新学習指導要領の考え方を理解し授業を進める中で、子どもたちの理科の資質・能力がさらに伸びることを期待します。

2017年7月　　　　　　　　　　　　　　　　　　　　　　　　浅井　正秀

もくじ

はじめに ……………………………………………………………… 3

本書の特長と使い方 ………………………………………………… 6

第1章
理科の「見方・考え方」と「資質・能力」

理科における「見方・考え方」と、
育成すべき「資質・能力」について ……………………………… 10

第2章
今の授業にプラスα 3～6年

❓ 今の授業にプラスα 3年

3年生で育みたい問題解決の力 …………………………………… 17

【エネルギー】**新単元** 光と音の性質（音の性質） ……………… 18

【生命】 身の回りの生物（植物の成長と体のつくり） ………… 20

【地球】 太陽と地面の様子 ……………………………………… 28

【エネルギー】 風とゴムの力の働き（ゴムの力の働き） ……… 36

【粒子】 物と重さ ………………………………………………… 42

🧪 今の授業にプラスα 4年

4年生で育みたい問題解決の力 …………………………………… 51

【地球】**新単元** 雨水の行方と地面の様子 ……………………… 52

【生命】　季節と生物（春・夏・秋・冬）……………………………… 54
【エネルギー】　電流の働き ……………………………………………… 62
【地球】　天気の様子（天気と気温）…………………………………… 70
【粒子】　金属、水、空気と温度（物の温度と体積）………………… 76

🌱 今の授業にプラスα 5年

5年生で育みたい問題解決の力 ………………………………………… 85
【生命】　植物の発芽、成長、結実（植物の発芽）…………………… 86
【地球】　流れる水の働きと土地の変化 ………………………………… 94
【粒子】　物の溶け方 ……………………………………………………… 102
【エネルギー】　電流がつくる磁力（電磁石の性質）………………… 110

🧪 今の授業にプラスα 6年

6年生で育みたい問題解決の力 ………………………………………… 119
【粒子】　燃焼の仕組み（物の燃え方）………………………………… 120
【地球】　土地のつくりと変化 …………………………………………… 128
【生命】　植物の養分と水の通り道（植物の成長と水とのかかわり）…… 138
【エネルギー】　てこの規則性（てこの働き）………………………… 144

資　料　使える！プリント・カード集 ………………… 153

☆本書の特長と使い方

本書は、新学習指導要領に沿った小学校理科の授業案を掲載しています。

各学年とも、「エネルギー」「粒子」「生命」「地球」の４領域から１単元ずつ追実践ができるようにしています。さらに、今回から小学校理科に新しく入る、３年「光と音の性質（音の性質）」と４年「雨水の行方と地面の様子」の授業案も掲載しています。

新学習指導要領の目標に合った理科の授業になるように、本書をお役立てください。

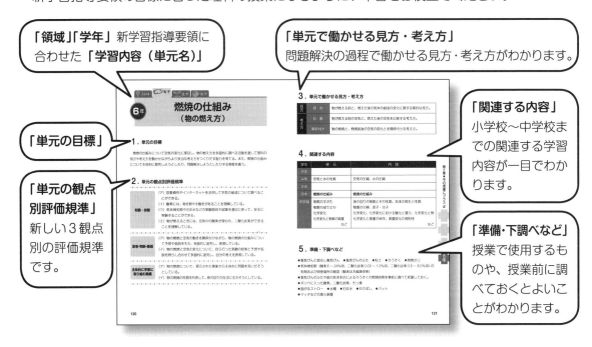

「領域」「学年」新学習指導要領に合わせた「学習内容（単元名）」

「単元で働かせる見方・考え方」
問題解決の過程で働かせる見方・考え方がわかります。

「単元の目標」

「関連する内容」
小学校～中学校までの関連する学習内容が一目でわかります。

「単元の観点別評価規準」
新しい３観点別の評価規準です。

「準備・下調べなど」
授業で使用するものや、授業前に調べておくとよいことがわかります。

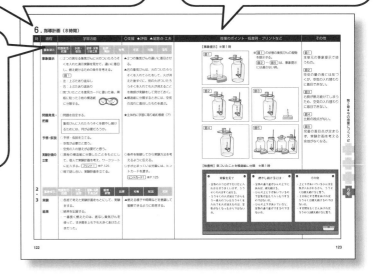

《左ページ》「指導計画」
問題解決の過程「事象提示」「問題発見・把握」「予想・仮説」「観察・実験計画の立案」「観察・実験」「結果」「考察」「結論」（「活用」）に沿って学習活動を展開しています。

《右ページ》「授業のポイント・板書例・プリントなど」
左ページの授業を追実践する際に参考となる資料などです。

問題解決の過程を帯で示しています。単元の重要な内容を学習するときに帯を表示しています。その授業が問題解決のどの過程であるのかが帯の色の濃さでわかります。

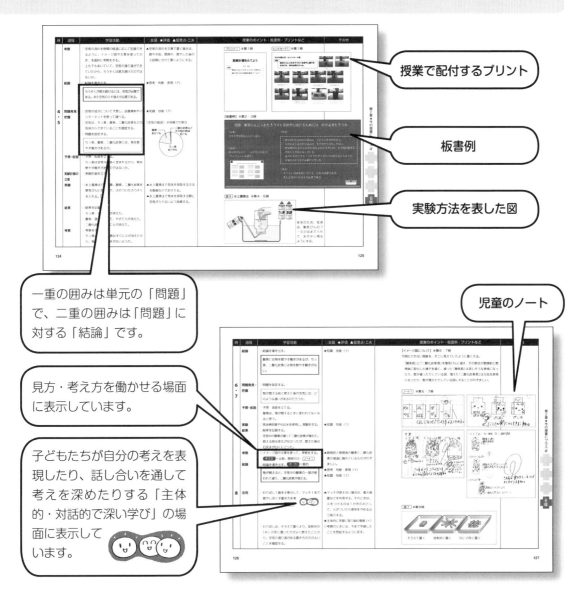

一重の囲みは単元の「問題」で、二重の囲みは「問題」に対する「結論」です。

見方・考え方を働かせる場面に表示しています。

子どもたちが自分の考えを表現したり、話し合いを通して考えを深めたりする「主体的・対話的で深い学び」の場面に表示しています。

【新単元】

3年「光と音の性質（音の性質）」と4年「雨水の行方と地面の様子」を、2ページずつ提出しています。

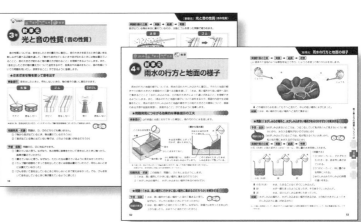

第1章

理科の「見方・考え方」と「資質・能力」

理科における「見方・考え方」と、育成すべき「資質・能力」について

　新学習指導要領では、これまでの小学校理科教育を受け継いで問題解決の過程を重視した学習を行うことを基本としていますが、新たにいくつかのキーワードが示されています。そのなかに理科における「見方・考え方」と育成すべき「資質・能力」があります。この2点について、どのように考えていけばよいのでしょうか。

【理科における見方・考え方】

　これまでの理科の学習指導要領でも、「科学的な見方や考え方」を育成するのは重要な目標でした。そして、「科学的な見方や考え方」は資質・能力を包括するものとして示されていました。

　しかし、今回の改訂では、資質・能力をより具体的なものとして示し、「見方・考え方」は資質・能力を育成する過程で児童が働かせる「物事を捉える視点や考え方」として、全教科を通して整理されました。

　理科における「見方・考え方」を「見方」と「考え方」に分けて考えてみます。

　まず「見方」は、次のように領域ごとの特徴から整理されました。

領　域	見方（様々な事象等を捉える各教科等ならではの視点）
エネルギー	自然の事物・現象を主として量的・関係的な視点で捉える。
粒　子	自然の事物・現象を主として質的・実体的な視点で捉える。
生　命	自然の事物・現象を主として多様性と共通性の視点で捉える。
地　球	自然の事物・現象を主として時間的・空間的な視点で捉える。

※平成28年12月21日付「幼稚園、小学校、中学校、高等学校及び特別支援学校の学習指導要領等の改善及び必要な方策等について（答申）」（文部科学省）をもとに表を作成

　平成28年12月に文部科学省から発表された中央教育審議会の答申では、『これらの特徴的な視点はそれぞれの領域固有のものではなく、その強弱はあるものの他の領域において用いられる視点でもあり、また、これら以外の視点もあることについて留意することが必要』とあります。

　例えば、3年の「物と重さ」の領域は「粒子」ですが、物は形を変えても重さは変わらないという質量保存について学ぶので量的な視点と考えれば「エネルギー」領域の見方になります。また、5年の「物の溶け方」も領域は「粒子」ですが、水に溶けて見えなくなっている食塩の質量も溶ける前と同じだけあるという質量保存にかかわる学

習となり量的な視点で捉えていますので、やはり「エネルギー」領域の見方となります。このように、見方は必ずしも領域固有のものではないと言えます。

それでは、「粒子」領域の質的な視点とは、どのようなものなのでしょうか。例えば6年の「水溶液の性質」では、鉄を塩酸に溶かし蒸発させて出てきた粉は、鉄とは異なる性質をもつ物（塩化鉄）になることを学習します。このように質の違うものに変化することを質的変化といい、質的な視点で捉えています。

「生命」領域の多様性と共通性の視点とは、どのようなものなのでしょうか。例えば3年の「身の回りの生物」では、昆虫の育つ順序について学びます。チョウは、卵→幼虫→さなぎ→成虫という共通性をもっていますが、同じ昆虫でもバッタなどは、さなぎにならないという違いがあります。このことは、多様性と共通性の視点で捉えていると言えます。

「地球」領域の時間的・空間的な視点とは、例えば4年の「月と星」における、月は時間の経過とともに東から昇り、南の空を通って、西に沈む、という内容が、時間的・空間的な視点で捉えるということになります。

次に、理科における「考え方」について答申では、『探究の過程を通じた学習活動の中で、比較したり、関係付けたりするなどの科学的に探究する方法を用いて、事象の中に何らかの関連性や規則性、因果関係等が見いだせるかなどについて考えることであると思われる。この「考え方」は、物事をどのように考えていくのかということであり、資質・能力としての思考力や態度とは異なることに留意が必要』とあります。

具体的には、4年で天気の様子を調べるために、晴天と曇天の気温を観測して、変化を比較しグラフに表す活動を行うことで「曇りの日は1日の中で気温の変化が少ないけれど、晴れている日はだんだん気温が上がって午後2時くらいが頂上の山型のグラフになるので変化が大きい」といった科学的な考え方が育ちます。

また、5年の「流れる水の働きと土地の変化」では、川を流れる水と土地の変化とを関係付けて考え、空間の広がりや時間の経過に関する規則性や因果関係を見いだしていくようにすると科学的な考え方が育ちます。

具体的には、川の上流と下流で石の大きさや形を比較し、「川の上流は土地の傾きが大きい山の中なので流れが速いが、下流は平地が多く流れがゆるやかだと思う」というように、土地の様子に伴って変化する流水の働きと石の大きさや形を関係付けて考え、根拠のある予想や仮説を設定できるようにすることが大切です。

さらには、大雨が降った後に川が増水して濁ることと、流水の侵食や運搬等の働きを関係付け、時間的・空間的な要因に着目して、川が増水するとどのような災害が起きるのかということについての検証の方法を子どもたち自身で構想していくようにすることで、科学的な「考え方」が育っていくのです。

【育成すべき資質・能力】

育成すべき「資質・能力」について、新学習指導要領では、「知識及び技能」、「思考力、判断力、表現力等」、「学びに向かう力、人間性等」の三つの柱を挙げています。

●「知識及び技能」について

現行の学習指導要領の「自然事象についての知識・理解」と「観察・実験の技能」を基礎的・基本的事項として「知識及び技能」としています。

答申（別添資料5－1）では、『自然事象に対する基本的な概念や性質・規則性の理解、理科を学ぶ意義の理解、科学的に問題解決を行うために必要な観察・実験等の基本的な技能（安全への配慮、器具などの操作、測定の方法、データの記録等）』が「知識及び技能」だと整理されています。

●「思考力、判断力、表現力等」について

現行の学習指導要領における各学年で培いたい問題解決の能力のキーワードは、3年「比較」、4年「関係付け」、5年「条件制御」、6年「推論」です。

その考えは残し、新学習指導要領では、比較したり、関係付けたりしながら、各学年で次のような力を身につけられるようにしていきます。

学年	各学年で主に育てたい力	授業でのくふう
3年	自然現象の差異点や共通点に気付き問題を見いだす力	子どもたちが、自分たちで問題をつくる力です。初めて理科を学ぶ3年生が、楽しく問題を解決していくための入口です。教師が事象提示をくふうする必要がありますので、指導計画の立て方も含めて考えるようにします。
4年	見いだした問題について既習事項や生活経験をもとに根拠のある予想や仮説を発想する力	思いつきで予想や仮説を立てるのではなく、しっかりと根拠のある予想や仮説を立てる力です。根拠のある予想や仮説を立てることによって、子どもたちは見通しをもった観察・実験ができるようになると考えられます。根拠のある予想や仮説を子どもたち自身で考えられるようにするために、発問や授業の展開にくふうが必要になります。

5年	予想や仮説などをもとに質的変化や量的変化、時間的変化に着目して解決の方法を発想する力	問題を解決するために、どのような実験や観察をしたらよいか、子どもたち自身で計画を立てる力です。自分の予想・仮説を検証するために、どのような実験や観察をしたらよいかを考えさせます。既習内容や生活経験の範囲内でしか思いつかない子どもたちに実験・観察計画を立てさせるには、授業の展開や指導方法・支援にくふうが必要になります。
6年	自然現象の変化や働きについてその要因や規則性、関係を多面的に分析し考察して、より妥当な考えをつくりだす力	問題を解決するために、自然事象の変化や働きについて、その要因や規則性、関係を多面的に分析し考察して、より妥当な考えをつくりだす力です。多面的に予想したり、観察・実験したり、分析・考察したりするために、授業の展開をくふうして、より妥当な結論を子どもたち自身で導くことができるようにしていく必要があります。

※表中の「各学年で主に育てたい力」は答申（別添資料5−1）の資料より

● 「学びに向かう力、人間性等」について

答申（別添資料5−1）では、この資質・能力は以下のように整理されています。
- ■自然に親しみ、生命を尊重する態度
- ■失敗してもくじけずに挑戦する態度
- ■科学することの面白さ
- ■根拠に基づき判断する態度
- ■問題解決の過程に関してその妥当性を検討する態度
- ■知識・技能を実際の自然事象や日常生活などに適用する態度
- ■多面的、総合的な視点から自分の考えを改善する態度

国際学力調査で、日本の子どもは理科を学ぶことの有用性の意識が低いことや、理科は生活に生かすことができると考える子どもが少ないことなどからも、重視していかなければならない資質・能力だと考えられます。

この本を読むことにより、理科の授業の中で、新学習指導要領をどのように考え、授業を展開していったらよいかが具体的にわかるようになっています。

ぜひ、子どもたちのさらなる理科の力を育て、未来に生きる子どもたちの資質・能力を高めていってほしいと思います。

第2章

今の授業にプラスα 3〜6年

アルファ！

今の授業にプラスα（アルファ！） 3年

- 【エネルギー】新単元 光と音の性質（音の性質）
- 【生命】身の回りの生物（植物の成長と体のつくり）
- 【地球】太陽と地面の様子
- 【エネルギー】風とゴムの力の働き（ゴムの力の働き）
- 【粒子】物と重さ

3年生で育みたい問題解決の力

　子どもたちに育みたい資質・能力には、三つの柱があります。その中の「思考力、判断力、表現力等」には、各学年で主に育てたい「問題解決の力」が示されています。3年生では**「自然事象の差異点や共通点を基に、問題を見いだす力」**となっています。

　問題解決を「事象提示」「問題発見・把握」「根拠のある予想や仮説の設定」「観察、実験計画の立案」「観察、実験」「結果の整理」「考察」「結論」という8つの過程で考えると、3年生で主に育たいのは、問題解決の二つ目の「問題発見・把握」にあたります。しかし、いきなり3年生に「問題を作りなさい」と言ってもできないことが多いものです。問題を作るためには、問題解決の過程の一つ目である「事象提示」が重要になります。

　例えば、3年の「電気の通り道」の授業で、頭に豆電球の明かりがついている水色のロボットと頭に豆電球の明かりがついていない黄色のロボットを事象提示します。子どもたちは、差異点や共通点に気づき、「色が異なること以外は同じロボットなのに、豆電球の明かりがついているロボットと明かりがついていないロボットの差は、何が原因なのだろう？」という疑問をもちます。「ロボットの体の中を見てみたい」という意見を受けて中を見てみると、回路がつながっているものと、回路がつながっていないものがあり、乾電池と豆電球をどのようにつなげば明かりがつくのだろうという問題を作ることができます。このように、子どもたち自身で教師が意図した問題を作ることができるようにするには、事象提示が重要になるのです。

　さらに言えば、問題を子どもたち自身で作るためには、少しずつステップアップしていく必要があります。初めは教師がたくさん支援して、徐々に子どもたちだけで自分の問題を作れるようにします。この本は、最初に出てくる単元から後に出てくる単元へと徐々にステップアップできる授業展開にしていますので、参考にしてほしいと思います。

エネルギー 粒子 生命 地球

3年 新単元 光と音の性質（音の性質）

音の性質については、音を出したときの震え方に着目し、音の大きさを変えたときの違いを比較しながら調べる活動を通して、「物から音が出ているときや音が伝わるときには物は震えていることと、音の大きさが変わると物の震え方が変わること」を理解できるようにします。また、「音を出したときの物の震え方について追究する中で、差異点や共通点をもとに、音の性質についての問題を見いだし、表現すること」ができるように指導します。

★さまざまな物を使って音を出す

事象提示 音を出したときと、何もしないときの、物の様子の違いに着目させます。

太鼓（たたく／何もしない）

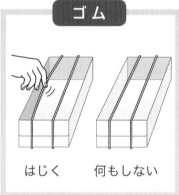
ゴム（はじく／何もしない）

空きびん（吹く／何もしない）

※ほかにも、空き缶をたたいたり、インスタントカップ麺の空き容器をこすったりして音を出します。

問題発見・把握 問題は、①、②のどちらでも構いません。
① 「物から音が出ているとき、物は震えているだろうか」
② 「音が出ている物と出ていない物では、どのような違いがあるだろうか」

予想・仮説 問題の①、②に対応させます。
① 「震えていると思う。なぜなら、休み時間に鉄棒をたたいて音を出したときに触ったら、鉄棒が震えていたから」
① 「震えていないと思う。なぜなら、たたいた缶は震えているように見えなかったから」
② 「カップ麺の容器をこすって音を出したときには容器は震えていたけど、何もしないときには震えていなかった」
② 「びんを吹いて音を出しているときと何もしないときで変化はなかった。でも、びんを吹いて音を出しているときに唇が震えているように感じた」

[新単元] 光と音の性質（音の性質）

実験計画の立案 ➡ 実験 ➡ 結果 ➡ 考察

音が出ている物は本当に震えているのか、太鼓とゴムを使った実験で確かめます。

太鼓の上に細かく切った色紙を置き、太鼓をたたいて音を出す。

⬇ 色紙が跳ねていた。

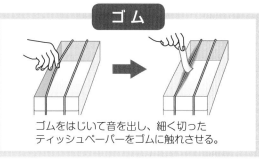

ゴムをはじいて音を出し、細く切ったティッシュペーパーをゴムに触れさせる。

⬇ ティッシュペーパーが震えていた。

結論 「物から音が出ているとき、物は震えている」

☆この後、太鼓から大きな音と小さな音を出したときで色紙の跳ね方に違いがあるかどうかを調べる実験をして、大きな音の方が小さな音よりも跳ね方が大きい（＝太鼓の振動が大きい）という結論を導き出します。

★糸電話を使って会話をする

事象提示　グループや班で、糸電話を使って会話をします。

問題発見・把握　「糸電話は、糸が震えて声が伝わっているのだろうか」

予想・仮説　「震えていると思う。なぜなら、音は震えて伝わっていたから」
　　　　　　「震えていないと思う。なぜなら、音と声は違うから」
　　　　　　「震えていると思う。なぜなら、声を出すとのどが震えているから」

実験計画の立案 ➡ 実験 ➡ 結果 ➡ 考察

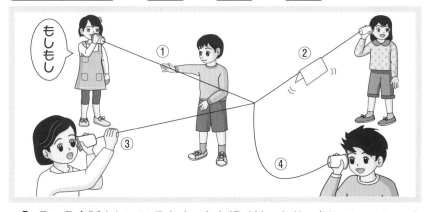

《実験方法》
①糸を軽く触る。
②糸にティッシュペーパーをかける。
③糸を強く握る。
④糸をたるませる。

⬇ ①、②会話をしているとき、糸を軽く触ったり、糸にティッシュペーパーをかけたりすると
⬇ 　震えていた。
⬇ ③会話をしているとき、糸を強く握ると糸が震えず声が伝わらなかった。
⬇ ④会話をしているとき、糸をたるませていると糸が震えず声が伝わらなかった。

結論　「糸電話は、糸が震えて声が伝わっている」

3年 身の回りの生物
（植物の成長と体のつくり）

※本書では、植物の「種まき」と「葉・茎・根」の内容をまとめて提出しています。

1. 単元の目標

身近な植物について成長過程や体のつくりに着目し、比較しながら調べる活動を通して理科の見方や考え方を働かせながら問題を見いだし表現する能力を育てる。また、植物の成長や体のつくりについて主体的に探究しようとしたり、問題解決しようとしたりする態度を養う。

2. 単元の観点別評価規準

観点	評価規準
知識・技能	（ア）虫眼鏡を適切に使って、安全に植物の観察をすることができる。 （イ）植物の種子の様子を観察し、種子の特徴を記録することができる。 （ウ）植物の種子は、植物によって色や形、大きさなどの姿に違いがあることを理解している。 （エ）植物を観察し、成長の様子を記録することができる。 （オ）植物の成長には、子葉が出て葉が出るという順序に共通性があることを理解している。 （カ）植物の体は、葉、茎、根でできていることを理解している。
思考・判断・表現	（ア）植物の姿を比較して差異点や共通点を見つけ、自分の考えを表現している。 （イ）植物を比較して体のつくりの共通性を見つけ、自分の考えを表現している。
主体的に学習に取り組む態度	（ア）身の回りの植物の育ち方について、主体的に問題を見いだそうとしている。 （イ）身の回りの植物に親しみをもち、責任をもって育てようとしている。

3. 単元で働かせる見方・考え方

見方	多様性と共通性	植物は、種類によって形や色や大きさが異なることに関する多様性の見方。 植物の体は、種類が違っても葉・茎・根でできていることに関する共通性の見方。
考え方	比　較	植物によって色や形、大きさなどの姿に違いがあることを比較する考え方。
	関係付け	植物は種類が違っても成長の順序に共通性があることを、観察を通して関係付ける考え方。

4. 関連する内容

学年	単　元	内　容
3年	身の回りの生物	身の回りの生物と環境とのかかわり、 昆虫の成長と体のつくり、植物の成長と体のつくり
4年	人の体のつくりと運動 季節と生物	骨と筋肉、骨と筋肉の働き 動物の活動と季節、植物の成長と季節
5年	植物の発芽、成長、結実	種子の中の養分、発芽の条件、成長の条件、 植物の受粉・結実
6年	人の体のつくりと働き 植物の養分と水の通り道	呼吸、消化・吸収、血液循環、主な臓器の存在 でんぷんのでき方、水の通り道
中学校	生物の体の共通点と相違点 植物の体のつくりと働き など	植物の体の共通点と相違点、動物の体の共通点と相違点 葉・茎・根のつくりと働き など

5. 準備・下調べなど

- 虫眼鏡
- 種子（ヒマワリ、ホウセンカ、マリーゴールド、オクラ、ダイズなど色や形、大きさの違うもの）
- 牛乳パック
- 卵の容器
- デジタルカメラ
- 植え替え用のプランターなど

6. 指導計画（6時間）※種まき（第1～4時）、葉・茎・根（第5・6時）

時	過程	学習活動	◇支援 ★評価 ▲留意点・工夫
1・2		事象提示／問題発見・把握／予想・仮説／観察・実験計画立案／観察・実験／結果／考察／結論／活用	
	事象提示	○何の植物の種子なのかを予想する。 ・この縞模様の種はヒマワリだと思う。 ・豆まきのときの豆に似ているから、ダイズだと思う。 ○種子が何の植物であるかを伝え、予想が当たっていたか確認させる。	▲花の写真を見せ、種子の色や形、大きさから予想させる。 ▲一人一人に卵の容器に種子を入れて渡し、種子の色や形、大きさの違いに気づきやすくする。 写真1
	問題発見・把握	○虫眼鏡を使って、ヒマワリ、ホウセンカ、マリーゴールド、オクラ、ダイズの種子を観察する。 見方 ＝多様性と共通性 ・オクラの種にはへそみたいなものがある。 ・ホウセンカの種はこの中で一番小さい。花も小さいのかな。 ・花の色と種の色は関係がなさそう。 ・マリーゴールドはこんなに細くてちゃんと育つのかな。 ○問題を設定する。 植物は、どの種も同じように育つのだろうか。	★主体的に学習に取り組む態度（ア） ★知識・技能（ア） ★知識・技能（イ） ★知識・技能（ウ）
	予想・仮説	○今までに育ててきた植物の育ち方を振り返り、どのような順序で育つか予想を立てる。 ・最初に芽が出ると思う。 ・葉は、最初は2枚しかないと思う。 ・大きくなったら花が咲くと思う。	◇生活科の学習で育てた植物について振り返らせる。
	観察計画の立案	○観察計画を立てる。 ・2種類の植物が近すぎないよう間隔をあけて種をまく。 ・太陽の光が当たるところに置く。 ・土が乾いたら水を与える。 ・朝、水を与えるのがよい。 ・観察カードに記録する。	▲児童一人一人が興味をもった種子をまく。図1 ★主体的に学習に取り組む態度（イ） ▲どの植物も成長が見られるように予備で育てておく（芽が出ない、途中で枯れてしまったなどにも対応できるようにしておく）。

授業のポイント・板書例・プリントなど	その他

【使用するもの】※第1・2時
虫眼鏡、種子（ヒマワリ、ホウセンカ、マリーゴールド、オクラ、ダイズなど）、牛乳パック、卵の容器、デジタルカメラ

写真1 種子を入れた卵の容器

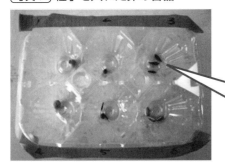

卵の容器のくぼみに、数種類の種子を1〜3粒ずつ入れて児童に渡す。

【板書例】※第1時

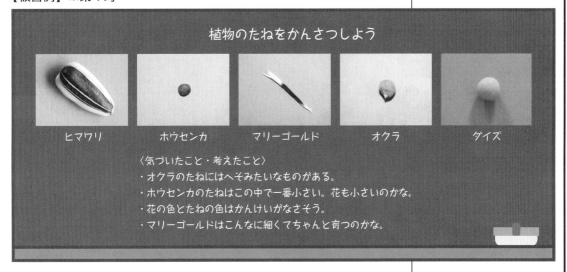

植物のたねをかんさつしよう

ヒマワリ　ホウセンカ　マリーゴールド　オクラ　ダイズ

〈気づいたこと・考えたこと〉
・オクラのたねにはへそみたいなものがある。
・ホウセンカのたねはこの中で一番小さい。花も小さいのかな。
・花の色とたねの色はかんけいがなさそう。
・マリーゴールドはこんなに細くてちゃんと育つのかな。

図1 牛乳パックのプランター

ホウセンカ と マリーゴールド
たねをまいた日…4月15日

牛乳パックで作ったプランターに、2つの植物の種子をまき、比較しやすくする。何の種子をまいたのか、まいた日付などがわかるように記入しておく。

時	過程	学習活動	◇支援 ★評価 ▲留意点・工夫
3	観察	○発芽した植物の様子を見て気づいたことを発表する。 ・芽が出てきた。 ・種の皮がついている。 ○発芽後の植物の観察をする。 　見方＝多様性と共通性 ・植物によって子葉の形が違う。 ・子葉はどの植物も2枚ある。 ・草丈は2cmくらいだった。 ○観察したことを記録する。観察カード1	▲植物によって成長に差があるため、毎日デジタルカメラで写真を撮って残しておくとよい。 ★知識・技能（ア） ★知識・技能（エ） ◇色や形、大きさなどの視点を与えて観察させる。
4	観察 予想・仮説	○葉が出てきたころの植物の様子を見て気づいたことを発表する。 ・葉の枚数が増えている。 ・マリーゴールドとホウセンカは葉の形が違う。 ・茎が伸びた。 ○子葉の後に出てくる葉を観察し、記録する。 　見方＝多様性と共通性 ・子葉よりも後に出てくる葉の方が大きい。 ・子葉と形の違う葉が出てきた。 ・子葉よりも葉は色が濃い。 ○これから、植物がどのように育っていくのか予想を立てる。 　考え方＝比較 ・もっとたくさん葉が出てくると思う。 ・茎が伸びると思う。 ・茎が太くなると思う。 ※この時点で、植物をプランターや花壇に植え替えておく。 ※2～3週間後に第5時の授業に入る。	★知識・技能（エ） ◇色や形、大きさなどの視点を与えて観察させる。 ◇発芽時と葉が出たころの植物の姿を比較して気づいたことから予想させ、自分の考えを表現させる。 ▲植え替えた後も水やりなどの世話とデジタルカメラなどで記録することは継続する。 ▲この間に、昆虫などの観察の学習を実施する。

| 授業のポイント・板書例・プリントなど | その他 |

【使用するもの】※第3・4時
虫眼鏡、デジタルカメラ、観察カード

【観察時のポイント】※第3・4時
○子葉と葉の様子の違いを比べながら観察させる。
・葉の形、大きさ、数など
○2種類の植物の成長の様子を比べながら観察させる。
・葉の形、大きさ、数、色　・茎の太さ　・草丈

【板書例】※第3時

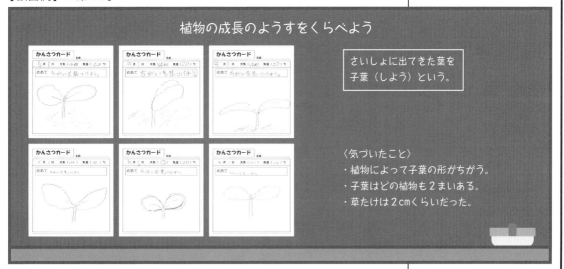

観察カード1

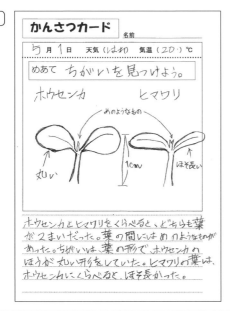

第2章●今の授業にプラスα　3年

時	過程	学習活動	◇支援 ★評価 ▲留意点・工夫
5	観察	○さらに成長した植物の様子を見て気づいたことを発表する。 見方＝多様性と共通性 ・葉の枚数がさらに増えた。 ・茎が太くなった。 ・草丈が伸びていた。 ○植物の観察をする。 観察カード２	◇植物の育ちについて、前時の予想を振り返り、差異点だけでなく共通点も見つけられるようにする。
	結論	○結論を導き出す。 考え方＝関係付け 植物は成長するにつれて葉の数が多くなる。また、成長するにつれて茎が太くなり、さらに伸びる。	★思考・判断・表現（ア） ★知識・技能（オ）
6		事象提示　問題発見・把握　予想・仮説　観察・実験計画立案　観察・実験　結果　考察　結論　活用	
	問題発見・把握	○問題を設定する。 植物の体のつくりはどのようになっているのだろうか。	▲前時までに育てた植物から２種類を取り上げ、観察していく。 （本書では、ホウセンカとヒマワリ）
	予想・仮説	○予想を立てる。 ・葉と茎がある。 ・土の中には根がある。	
	観察	○ホウセンカの体のつくりを観察し、気づいたことをノートに書く。	▲実際にその場でホウセンカを土から掘り起こして観察させる。
	結果	○気づいたことを発表する。 ・茎の下のところから根がたくさん出ている。 ・根がからみ合っている。	
	考察	○ヒマワリとホウセンカの体のつくりを比較して共通点に着目し、考察をする。 見方＝多様性と共通性 考え方＝比較 ・ホウセンカと同じように葉、茎、根がある。	▲ヒマワリを土から掘り起こして、体のつくりをホウセンカと比べて考察させる。また、土から掘り起こす前に根の様子を予想させる。 ★思考・判断・表現（イ） ★知識・技能（カ）
	結論	○結論を導き出す。 植物の体は、葉、茎、根でできている。	▲観察した植物は、授業の終わりになるべく早く植え直す。

授業のポイント・板書例・プリントなど | その他

観察カード2

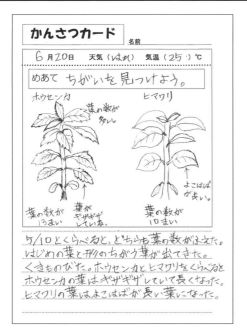

【使用するもの】※第6時
虫眼鏡、デジタルカメラ、前時までに育てたホウセンカとヒマワリ

【板書例】※第6時

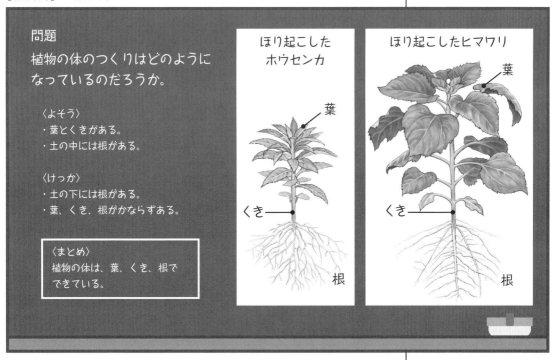

エネルギー　粒子　生命　地球

3年 太陽と地面の様子

※教科書によっては「太陽と影の動き」と「日なたと日陰の様子」が別単元になっている場合がありますが、本書では一緒に取り上げています。

1. 単元の目標

太陽と地面の様子との関係について日なたと日陰の様子に着目し、比較しながら調べる活動を通して理科の見方や考え方を働かせながら問題を見いだし表現する能力を育てる。また、太陽と地面の様子との関係について主体的に探究しようとしたり、問題解決しようとしたりする態度を養う。

2. 単元の観点別評価規準

知識・技能

（ア）遮光板や方位磁針を適切に使い、安全に太陽を観察したり影の向きを正しく記録することができる。
（イ）人や物の影はどれも太陽の位置と反対側にできることを理解している。
（ウ）温度計を適切に使い、日なたと日陰の地面の温度を調べることができる。
（エ）日なたと日陰では地面のあたたかさや湿り具合に違いがあることを理解している。

思考・判断・表現

（ア）時間が経つにつれて人や物の影の向きが変わることを太陽の位置と関係付けて考え、自分の言葉で表現している。
（イ）朝と昼の地面の温度を日なたと日陰で比べ、その違いについて太陽と関係付けて考え、自分の言葉で表現している。

主体的に学習に取り組む態度

（ア）影踏みゲームをして気づいたことから、影のでき方について主体的に問題を見いだそうとしている。
（イ）日なたと日陰の地面の温度の違いに着目し、太陽と地面の様子の関係を主体的に調べようとしている。

3. 単元で働かせる見方・考え方

見方	時間的・空間的	物の影の位置の変化と太陽の動きを、時間の経過を追って観察する見方。 日なたと日陰の地面の温度を観察する空間的な見方。
考え方	比　較	日なたと日陰の地面の様子の違いを比較する考え方。
	関係付け	日陰の位置の変化と太陽の動きを関係付ける考え方。

4. 関連する内容

学年	単　元	内　　容
3年	太陽と地面の様子	日陰の位置と太陽の動き、 地面の暖かさや湿り気の違い
4年	天気の様子	天気による1日の気温の変化、水の自然蒸発と結露
5年	天気の変化	雲と天気の変化、天気の変化の予想
6年		
中学校	気象観測 天気の変化　　など	気象要素、気象観測 霧や雲の発生、前線の通過と天気の変化　　など

5. 準備・下調べなど

- 校庭にできる影の位置や時間を事前に調べておく。
- 遮光板
- 方位磁針（正しく方角を示すかどうか確認しておく）
- 等賞旗立て（旗立て台）とポール（1mくらいの棒）
- 棒温度計
- 牛乳パック
- ペットボトル

6. 指導計画（6時間） ※太陽と影（第1～3時）、日なたと日陰（第4～6時）

時	過程	学習活動	◇支援 ★評価 ▲留意点・工夫
1		事象提示 ／ **問題発見・把握** ／ 予想・仮説 ／ 観察・実験計画立案 ／ 観察・実験 ／ 結果 ／ 考察 ／ 結論 ／ 活用	
	事象提示	※影のでき方や向きに気づくことができるように、影踏みゲームを午前と午後の2回実施する。第1時の授業前に影踏みゲームを1回終えておくようにする。 ○2回目の影踏みゲームをする。 ○影踏みゲームを通して気づいたことをカードに書き、発表する。[観察カード1] ・自分の前に影ができるようにすると、なかなかつかまらなかった。 ・午前と午後で影ができる向きが違った。	◇影の特性を十分に実感できない児童に影の存在を意識させる。 ▲鬼役の児童の意見を聞くことで影の存在を引き出していく。 ▲影の特性を生かしてくふうしている児童を紹介する。 ▲時間を変えて影踏みゲームをすることで影のでき方や向きに気づかせる。
	問題発見・把握	○問題を設定する。 影はどのようなところにでき、どのように動くのだろうか。	★主体的に学習に取り組む態度（ア）
2・3	予想・仮説 観察	○影の向きと太陽の動きについて予想を立てる。 ○影ができるとき、太陽がどこに見えるか観察をする。 ・1日の太陽の動きと影のできる位置を定点観察する。 ・1時間ごとに太陽の位置と影の向きを記録する。	◇影踏みゲームを想起させる。 ▲肉眼での太陽観察は目を傷めるので、必ず遮光板を使用する。 ★知識・技能（ア） ◇方位磁針の使い方を確認する。
	結果 考察 結論	○観察結果をまとめる。 ○影のでき方と、影と太陽の位置の変化について考察をする。 　見方＝時間的・空間的 　考え方＝関係付け ○結論を導き出す。 影は太陽の反対側にできる。時間が経つと影が西から東へと動くのは、太陽が東から西へと動いているから。	▲影のでき方や向きについて、太陽の動きと関係付けて考えられるようにする。 ★思考・判断・表現（ア） ★知識・技能（イ） ▲太陽の動き（東→南→西）もおさえるようにする。

| 授業のポイント・板書例・プリントなど | その他 |

【影踏みゲームでの児童の発言や気づき】※第1時　観察カード1

〈午前〉
・建物の影があまりなかったので、よくつかまった。
・自分の前に影ができるようにすると、なかなかつかまらなかった。

〈午後〉
・木や人の影が、どれも同じ向きだった。
・建物の影が多くなったので、つかまらなかった。

【使用するもの】※第2・3時
・遮光板　・方位磁針　・等賞旗立てとポール

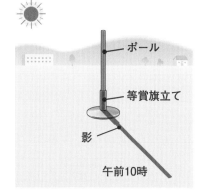

【板書例】※第2・3時

問題　かげはどのようなところにでき、どのように動くのだろうか。

〈かんさつ〉
1時間ごとに太陽のいちと、かげの向きをノートに記ろくする。
（午前9時から午後2時）

〈まとめ〉
かげは太陽の反対がわにできる。
時間がたつとかげが西から東へと動くのは、太陽が東から西へと動いているから。

〈けっか〉

矢印は、太陽の方向

午後2時　午後1時　正午　午前11時　午前10時　午前9時

東　西　南　北

第2章●今の授業にプラスα　3年

時	過程	学習活動	◇支援 ★評価 ▲留意点・工夫
4		事象提示 / 問題発見・把握 / 予想・仮説 / 観察・実験計画立案 / 観察・実験 / 結果 / 考察 / 結論 / **活用**	
	事象提示	○水泳の授業を振り返る。プールサイドの日なたと日陰にはどのような違いがあったのか話し合う。	◇プールサイドで日なたと日陰に入ったときの様子などを想起させる。
	問題発見・把握	○問題を設定する。 日なたと日陰では、地面にどのような違いがあるのだろうか。	
	予想・仮説	○日なたと日陰の地面の様子について予想を立てる。	
	観察	○日なたと日陰の地面の温度、手で触ったときのあたたかさや湿り具合の違いを調べる。図1	★主体的に学習に取り組む態度（イ） ▲棒温度計の使い方を指導し、正しく温度が読み取れるようにする。 ★知識・技能（ウ）
	結果	○日なたと日陰の温度を記入し、手で触って感じた地面のあたたかさや湿り具合をノートにまとめる。ノート1 ・日陰はひんやりと冷たかった。 ・日なたの土は乾いていたが日陰の土は湿っていた。	▲結果を棒グラフで表すことで、地面の温度の違いや変化に目を向けやすくする。 ▲算数3年「棒グラフ」が未習の場合は、「棒グラフ」について説明する。 ▲明るさ、手触り、あたたかさや湿り具合を調べさせる。
	考察	○日なたと日陰の地面の温度や様子の違いについて考察をする。 ・日なたは、日光が当たっているからあたたまっている。 ・日光が地面をあたためることが関係している。 ・日陰は日光が届いていないから、温度が低い。 考え方 ＝比較	★思考・判断・表現（イ） ◇日なたと日陰の温度の違いについて、日光と関係付けて考えられるようにする。 ◇日陰は日光が遮られることによってできることに注目させる。
	結論	○結論を導き出す。 日なたの地面は、日陰の地面より温度が高く、土が乾いている。	★知識・技能（エ）

| 授業のポイント・板書例・プリントなど | その他 |

【使用するもの】※第4時
棒温度計、ペットボトル、牛乳パック

図1 地面の温度の測り方（日なた）

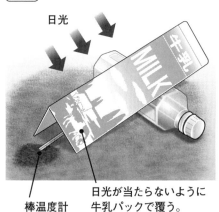

日光
棒温度計
日光が当たらないように牛乳パックで覆う。

ノート1 観察記録をまとめた児童のノート

結果

	日なた	日かげ
午前10時	13℃	5℃
午後2時	16℃	6℃

考えよう　日なたのほうが日かげよりも温度が高かったという結果から、地面は太陽の光であたためられたのだと思う。日かげは太陽の光があたっていないので、つめたいままだと思う。

【板書例】※第4時

問題
日なたと日かげでは、
地面にどのようなちがいが
あるのだろうか。

〈よそう〉
・日なたは暑いので日かげよりも温度が高い。
・だんだん温度が上がる。

〈かんさつ〉
①日なたと日かげの地面の温度をはかる。
②日なたと日かげの地面のしめり具合を手でさわってたしかめる。

〈けっか〉

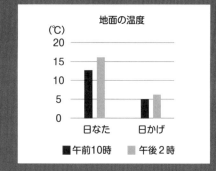

地面の温度

〈けっかからわかったこと〉
・日なたは、日光が当たっているからあたたまっている。
・日光が地面をあたためることがかんけいしている。
・日かげは、日光がとどいていないから温度が低い。

〈まとめ〉
　日なたの地面は、日かげの地面より温度が高く、土がかわいている。

第2章●今の授業にプラスα　3年

時	過程	学習活動	◇支援 ★評価 ▲留意点・工夫
5・6		事象提示 / 問題発見・把握 / 予想・仮説 / 観察・実験計画立案 / 観察・実験 / 結果 / 考察 / 結論 / 活用	
	問題発見・把握	○前時の結果を振り返り、問題を設定する。 日なたと日陰の地面の温度は、時間が経つとどのように変化するだろうか。	
	予想・仮説	○予想を立てる。	◇前時の棒グラフを見て、地面の温度の変化を予想させる。
	観察	○日なたと日陰の地面の温度を、1日の中で時刻を変えて調べる。	▲前時のものを使用して地面の温度を測る。 図1 ※P.33 ★知識・技能（ウ）
	結果	○日なたと日陰の温度を棒グラフに表す。	▲結果を棒グラフに表すことで、地面の温度の違いや変化に目を向けやすくする。
	考察	○日なたと日陰の地面の温度を時間の経過で比較し、その違いを太陽の位置と関係付けて考察をする。 ・日光が当たる時間が長いと地面はあたためられる。 ・朝より昼の方が温度が高くなるのは日光であたためられているから。 見方 ＝時間的・空間的	◇日なたと日陰の違いだけでなく時間の経過による変化についても考えさせる。 ★思考・判断・表現（イ） ★知識・技能（エ）
	結論	○結論を導き出す。 日なたの地面は日光であたためられ、温度は朝よりも昼の方が高くなる。 日陰の地面の温度は、朝と昼であまり変わらない。	

授業のポイント・板書例・プリントなど	その他

【前時の振り返りから、問題を設定する】※第5・6時

日なたと日陰では地面の温度や湿り具合に違いがあった。 太陽の位置や影の向きは、時刻によって変化していた。日なたや日陰の地面の温度も時刻によってかわるのかな？

Q 日なたと日陰の地面の温度は、時間が経つとどのように変化するだろうか。

【板書例】※第5・6時

問題
日なたと日かげの地面の温度は、時間がたつとどのようにへんかするだろうか。

〈よそう〉
・日かげはあまりへんかしない。
・日なたも日かげも朝よりも上がる。
・日なたはだんだん温度が上がる。

〈かんさつ〉
日なたと日かげの地面の温度を時こくをかえてはかる。

〈けっか〉

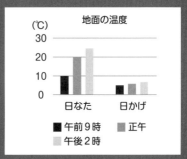

〈けっかからわかったこと〉
・日光が当たる時間が長いと地面はあたためられる。
・朝より昼の方が温度が高くなるのは日光であたためられているから。

〈まとめ〉
　日なたの地面は日光であたためられ温度は朝よりも昼の方が高くなる。日かげの地面の温度は、朝と昼であまり変わらない。

第２章●今の授業にプラスα ３年

風とゴムの力の働き
（ゴムの力の働き）

※教科書によっては「風の力の働き」も同じ単元になっている場合がありますが、本書では「ゴムの力の働き」のみ取り上げています。

1. 単元の目標

ゴムの働きについて力と物の動く様子に着目し、比較しながら調べる活動を通して理科の見方や考え方を働かせながら問題を見いだし表現する能力を育てる。また、ゴムの力の変化と物が動く様子について主体的に探究しようとしたり、問題解決しようとしたりする態度を養う。

2. 単元の観点別評価規準

知識・技能
- （ア）ゴムを適切に使って、安全に実験や物作りができる。
- （イ）ゴムを伸ばす長さによる車の動き方の違いを調べ、その過程や結果を記録することができる。
- （ウ）ゴムの力の働きは、物を動かすことができることを理解している。

思考・判断・表現
- （ア）ゴムを伸ばしたときの物の動く様子から、車を遠くまで走らせる方法について予想や仮説をもち表現している。
- （イ）ゴムを伸ばす長さと物の動く様子を比較したり関係付けたりして、自分の考えを表現している。

主体的に学習に取り組む態度
- （ア）ゴムの力を働かせたときの現象に着目し、ゴムの力の働きで動く車を走らせて気づいたことから主体的に問題を見いだそうとしている。
- （イ）車の進む距離とゴムを伸ばす力の関係について考え、ゴムを伸ばす力を調節しながら車を動かそうとしている。

3. 単元で働かせる見方・考え方

見方	量 的	物が動く距離とゴムの力の働きの大きさに関する量的な見方。
考え方	比 較	ゴムの力の働きの強さによって物が動く様子の違いを比較する考え方。
	関係付け	ゴムの力の働きの強さと物が動く様子を関係付ける考え方。

4. 関連する内容

学年	単 元	内 容
3年	風とゴムの力の働き	（風の力の働き）、ゴムの力の働き
4年		
5年	振り子の運動	振り子の運動
6年	てこの規則性	てこのつり合いの規則性、てこの利用
中学校	力の働き 運動の規則性 力学的エネルギー　など	力の働き 運動の速さと向き、力と運動 仕事とエネルギー、力学的エネルギーの保存　など

5. 準備・下調べなど

- 児童がゴムの力の働きを利用したおもちゃ（ゴム鉄砲・水風船のヨーヨーなど）や遊びをどれくらい体験しているのか、事前に把握しておく。
- ゴムカーの材料…車軸、ゴムタイヤ、プラスチック段ボール、目玉クリップ、竹尺（30〜50cm）、フック
- メジャー
- 輪ゴム（サイズ#10）※ 実験場所の広さによって、適当なサイズのゴムを選択するとよい。
- カラーテープ
- 三角コーン
- 宝島の地図

6. 指導計画（4時間）

時	過程	学習活動	◇支援 ★評価 ▲留意点・工夫
1・2		事象提示 / 問題発見・把握 / 予想・仮説 / 観察・実験計画立案 / 観察・実験 / 結果 / 考察 / 結論 / 活用	
	事象提示	○「ゴムカー」（ゴムで動く車）を見てやってみたいことを発表する。 ・車を作ってみたい。 ・作った車で競争してみたい。 ○材料を組み立てて車を作る。 ○「ゴムカー」で宝島を目指す。 ・宝箱のある宝島まで行きたい！ ・簡単に行けそうだ！ ・ゴムの引っ張り方を調節するのが難しい。 ○どうすればゴムカーがちょうどよいところまで進むのかをグループで話し合う。 ・もっと長いゴムだと遠くに行けそうだ。 ・小島までは、ゴムを少しだけ引っ張ればいい。	◇ゴムを使った体験を話し合う活動を通して学習への意欲を高められるようにする。 ▲全員が同じ車を作ることで、実験での誤差ができるだけ出ないようにする。 ★知識・技能（ア） ▲ゴムの性質に興味・関心をもたせるために「たから島をめざそう！」を体験させる。[図1] ◇自分と友だちのゴムカーの走る距離の違いや、ゴムの伸びと進む距離についての自分の考えと現実とのギャップから、学習への意欲を高められるようにする。 ◇ゴムの力の大きさの調節について実感できるよう「もっと遠くまで進めるにはどうすればよいかな」「進む距離を短くしたいときはどうすればよいかな」などと声をかける。
	問題発見・把握	○ゴムを引っ張る長さとゴムカーの進む距離との関係で気づいたことをカードに書き、発表する。 ・ゴムを少し引っ張ったら少しだけ進んだ。 ・ゴムを強く引っ張ったら遠くまで進んだ。 ○問題を設定する。 　ゴムカーを遠くまで走らせるには、どうすればよいだろうか。	★主体的に学習に取り組む態度（ア） ▲「ふしぎカード」に気づいたことを書かせる。[プリント1] ◇学級で共通の問題意識がもてるように、体験を通して「気づいたこと」から「みんなで確かめたいこと」について考えさせる。

授業のポイント・板書例・プリントなど | その他

【使用するもの】※第1・2時
「ゴムカー」の材料一式、輪ゴム、宝島の地図、カラーテープ、三角コーン、メジャー

図1 場の設定「たから島をめざそう！」※第2時

・ゴムを5cm、10cm、20cmと伸ばしたときに、ゴムカーがどれくらい進むのかを予備実験しておく。
・進む距離によって活動場所を設定する（体育館や廊下で活動できるとよい）。

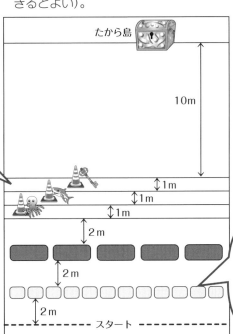

タコ、サメ、宝箱の鍵の絵を三角コーンに貼って配置する。

・前半には、ゴムの伸ばし方を調節しながら島を経由して鍵まで進んでいく。
・後半には、鍵から宝箱までの間を1本のゴムではたどり着けない距離にして、どうすればたどり着けるかを考えさせる。

手前の小島、その先の大きい島、ゴールの宝島の宝箱の絵は、床に貼っておく。横のラインは、床にカラーテープを貼っておく。

プリント1 ※第2時

ふしぎカード
ふしぎに思ったことや調べてみたいなと思ったこと
＿＿＿＿＿＿＿＿＿＿
＿＿＿＿＿＿＿＿＿＿
☆☆☆☆☆
理由
＿＿＿＿＿＿＿＿＿＿

【板書例】※第2時

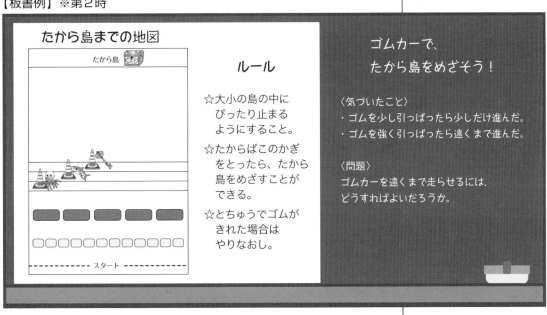

第2章●今の授業にプラスα 3年

時	過程	学習活動	◇支援 ★評価 ▲留意点・工夫
3	予想・仮説	○予想を立てる。 見方 ＝量的 ・ゴムを長く引っ張ると遠くまで進む。	◇予想・仮説が立てられない児童には前時を想起させる。 ★思考・判断・表現（ア）
	実験計画の立案	○ゴムを引っ張る長さを変えると進む距離がどうなるかを調べ、表にまとめる。図2	▲実験は数回行い、より正確なデータをとらせる。
	実験	○実験をする。	★知識・技能（ア） ★知識・技能（イ）
	結果	○実験結果をグラフにまとめる。	▲結果は丸シールを使ってグラフに表す。誤差にとらわれすぎないようにして、傾向が見えるようにする。
4	考察	○考察をする。 ・ゴムを長く引っ張った方が、ゴムカーは遠くまで進むことがわかった。 ・ゴムを長く引っ張ると手にかかる力が強くなったので、ゴムカーは遠くまで進んだのではないか。 考え方 ＝比較 考え方 ＝関係付け	◇ゴムを引っ張る長さとゴムカーの走行距離の関係を視点として与え、考えさせる。また、予想と結果を比較させることで、どのようなことがわかったのかを考えさせる。 ★思考・判断・表現（イ）
	結論	○結論を導き出す。 　ゴムカーを遠くまで走らせるにはゴムを長く引っ張るとよい。	★知識・技能（ウ） ◇問題を確認し、実験結果や考察から結論を考えさせる。
	活用	○もう一度「たから島をめざそう！」を行う。 ※宝島の地図の鍵から宝箱までは、#10のゴム1本ではたどり着けない距離になっているので、ゴム2本を2重にして、再度挑戦させる。	▲学習した知識を定着させ活用できるようにするために「たから島をめざそう！」を再度体験させる。 ★主体的に学習に取り組む態度（イ）

| 授業のポイント・板書例・プリントなど | その他 |

【使用するもの】※第3時

・ゴムカー

・メジャー

図2 実験結果を表にまとめる ※第3時

	5cm引っ張ったとき	10cm引っ張ったとき	20cm引っ張ったとき
1回目	52cm	2m	5m90cm
2回目	50cm	1m80cm	5m50cm
3回目	51cm	1m80cm	6m10cm
4回目	53cm	2m10cm	5m70cm
5回目	50cm	1m90cm	6m

【板書例】※第3・4時

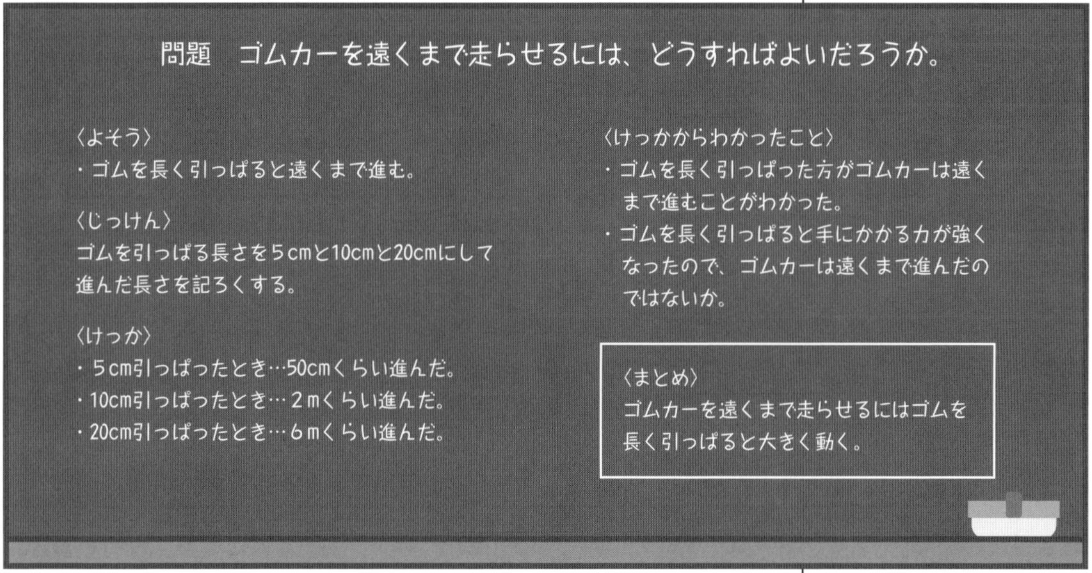

問題　ゴムカーを遠くまで走らせるには、どうすればよいだろうか。

〈よそう〉
・ゴムを長く引っぱると遠くまで進む。

〈じっけん〉
ゴムを引っぱる長さを5cmと10cmと20cmにして進んだ長さを記ろくする。

〈けっか〉
・5cm引っぱったとき…50cmくらい進んだ。
・10cm引っぱったとき…2mくらい進んだ。
・20cm引っぱったとき…6mくらい進んだ。

〈けっかからわかったこと〉
・ゴムを長く引っぱった方がゴムカーは遠くまで進むことがわかった。
・ゴムを長く引っぱると手にかかる力が強くなったので、ゴムカーは遠くまで進んだのではないか。

〈まとめ〉
ゴムカーを遠くまで走らせるにはゴムを長く引っぱると大きく動く。

【ゴムを2本使用して実験をする】※第4時

	ゴム2本を2重にして20cm引っ張ったとき
1回目	9m50cm
2回目	10m20cm
3回目	12m20cm
4回目	10m80cm
5回目	10m40cm

第2章●今の授業にプラスα　3年

物と重さ

1. 単元の目標

物の性質について形や体積に着目し、重さを比較しながら調べる活動を通して理科の見方や考え方を働かせながら問題を見いだし表現する能力を育てる。また、物の性質について主体的に探究しようとしたり、問題解決しようとしたりする態度を養う。

2. 単元の観点別評価規準

知識・技能	（ア）はかりを適切に操作し、正しく物の重さを調べることができる。 （イ）物の形と重さの関係について実験し、その過程や結果を記録することができる。 （ウ）物は、形や置き方が変わっても重さは変わらないことを理解している。 （エ）物の種類と重さの関係について実験し、その過程や結果を記録することができる。 （オ）体積が同じでも、物によって重さが違うことがあることを理解している。
思考・判断・表現	（ア）物の形を変えたときの重さについて、予想と結果を比較して考察し、表現している。 （イ）物の体積を同じにしたときの重さを予想し、結果と比較して考察し、表現している。
主体的に学習に取り組む態度	（ア）身の回りにある物の重さを量って気づいたことから、主体的に問題を見いだそうとしている。 （イ）物の置き方や形を変えたときの重さについて、主体的に実験しようとしている。 （ウ）同体積のさまざまな種類の物の重さについて、主体的に実験したり結果を記録しようとしている。

3．単元で働かせる見方・考え方

見方	量 的	物は、形を変えたり分解したりしても、重さは変わらないという質量保存の量的な見方。
考え方	比 較	もとの物の重さと、形を変えたり分解したりした物の重さを比較する考え方。
	関係付け	物の形の変化と重さを関係付ける考え方。

4．関連する内容

学年	単 元	内 容
3年	物と重さ	形と重さ、体積と重さ
4年		
5年	物の溶け方	重さの保存、物が水に溶ける量の限度、物が水に溶ける量の変化
6年	水溶液の性質	酸性・アルカリ性・中性、気体が溶けている水溶液、金属を変化させる水溶液
中学校	水溶液 化学変化と物質の質量　　など	水溶液 化学変化と質量の保存、質量変化の規則性　　など

5．準備・下調べなど

- 事象提示、実験で班ごとに使用する物
  アルミ缶、スチール缶、ペットボトル、綿、アルミホイル、粘土
- 児童への事前アンケート（生活体験を想起させると、自身の体重を量る際に、「立って量ったときとしゃがんで量ったときとでは体重が違ってくる」と発言する児童が多くいる。そのことを事前に思い出させておくと、問題作りのときに「形を変えると、重さは変わるのだろうか」という問題が出やすくなる。）
- デジタル式上皿自動はかり　　　　　●デジタル式体重計
- プラスチックのカップ（プリンカップなど）　●ラップフィルム
- 物の重さ素材キット

6. 指導計画（7時間）

時	過程	学習活動	◇支援 ★評価 ▲留意点・工夫
1	事象提示	**事象提示** ▸ 問題発見・把握 ▸ 予想・仮説 ▸ 観察・実験計画立案 ▸ 観察・実験 ▸ 結果 ▸ 考察 ▸ 結論 ▸ 活用 ○身の回りの物を手で持って比べ、重い順のランキングを予想する。 ・わかりにくいな。 ・答え合わせがしたいな。 ○物の重さを調べる方法について考える。 ・はかりがあるといいな。 ・体重計を使ったことがあるよ。 ○はかりの使い方を知る。 ○はかりを用いて物の重さを量り、班ごとに予想のランキングと比べる。	▲児童の身の回りにある、重い・軽いを判別しにくい物を用意することで、重さに興味・関心をもたせる。 ▲体感だけでは、物の重さの比較に限界があることに気づかせる。 ▲物の重さを調べる方法を児童に考えさせた後、デジタル式上皿自動はかりを提示する。 ★知識・技能（ア）
2	問題発見・把握	○重さについて気づいたことや疑問に思ったことを記録し、ペアで発表した後、全体で発表する。 ・はかりを使うと物の重さが正確にわかる。 ・同じような大きさの物でも、重さが違うものがある。 ・違う大きさの物でも、重さが同じものがある。 ・形を変えると、重さは軽くなったり重くなったりするのかな。 ○問題を設定する。 問題① 物の形を変えると、重さは変わるのだろうか。 問題② 同じ体積でも、物の種類によって重さは違うのだろうか。	★主体的に学習に取り組む態度（ア） ▲すべての児童が発言できるように、ペアで発表した後に全体で発表する。 ◇児童の気づきや疑問を分類しながら板書することで、児童自ら問題を作りやすくする。 ◇問題を作ることが困難な児童には、「問題作り名人になろう」を参考にさせる。 プリント1 ▲物の大きさ（かさ）のことを「体積」ということをおさえる。

授業のポイント・板書例・プリントなど	その他

【使用するもの】※第1時
・アルミ缶、スチール缶、ペットボトル、綿、アルミホイル、粘土
・デジタル式上皿自動はかり
※スチール缶・アルミ缶は、同じ大きさ同じ形のものを選ぶ。小さいサイズのコーヒーの缶が扱いやすい。
　ペットボトルは、簡易に形を変えられるものを用意して、綿と同じ重さにする。
　綿とアルミホイルと粘土は、教師が事前に重さを量って用意する。

はかりを使って物の重さを調べていると、同じ物でも班によって重さが違う結果となることも考えられる。そのことに児童が固執してしまう場合は、①今回は個別の物の重さではなく、ランキングをつけることが目的であること、②個体差があることの2点をおさえる。

【事象提示のポイント】
※第1時
①手で持ってもわからないような微妙な差にすること。
②素材的に意外性のあるようなランキングにすること。
③同じ大きさ同じ形で、重さの違う物を入れること。
④同じ重さの物を入れること。
の4つを意識すると、問題作りにつながる。

プリント1

「名人になろう」シリーズのプリントは、いつでも見返すことができるように、ノートの表紙裏に貼っておくとよい。
※P.47〜P.49の
プリント2 〜
プリント4 参照。

【板書例】※第2時

　　　　　　　はかりを使って、重さのランキングをたしかめよう。

○はかりの使い方
1 平らな所におく。
2 電げんボタンをおす。
3 数字が0になっているかたしかめる。
4 そっと物をおき、5秒待つ。
5 数字を読む。

〈けっか〉 1位 スチールかん　32g
　　　　　 2位 ねん土　　　　20g
　　　　　 3位 アルミかん　　16g
　　　　　 4位 わた　　　　　13g
　　　　　 4位 ペットボトル　13g
　　　　　 6位 アルミホイル　 3g

〈気づいたこと・ぎもんに思ったこと〉
・はかりを使うと重さが正かくにわかる。
・形をかえると重さは軽くなったり重くなったりする？　→ 問題①
・ちがう物でも重さが同じ物がある。
・スチールかんとアルミかんは形が同じなのに重さがちがう。→ 問題②

〈問題〉
問題①　物の形をかえると、重さはかわるのだろうか。
問題②　同じ体積でも、物のしゅるいによって重さはちがうのだろうか。

時	過程	学習活動	◇支援 ★評価 ▲留意点・工夫
3	予想・仮説 実験計画の立案	事象提示／問題発見・把握／**予想・仮説**／**観察・実験計画立案**／観察・実験／結果／考察／結論／活用 ○前時の問題①について、予想を立てる。 　問題①　物の形を変えると、重さは変わるのだろうか。 ・形が変わっても物は変わらないから、重さも変わらないと思う。 ・形を変えると、粘土の重さは変わらないけど、空き缶は軽くなると思うから、物によって変わり方に差があると思う。 ・体重計にのったときに体勢によって重さが変わったから、形が変わると重さは変わると思う。 ○実験方法を考える。[プリント2] ・重さを量って、形を変えてから、また重さを量ればよい。	◇第1時の活動や、生活体験などから根拠を考えることができるように声をかける。 ▲児童が形を変えるということをイメージしやすくするため、身の回りで自在に形を変えることのできるお菓子やブロック、事象提示で使った粘土や空き缶、ペットボトルを挙げる。 ▲班ごとに何の形をどのように変えるのかを考えさせておく。
4	実験 結果 考察 結論	○班ごとに実験をして、結果を表に記録する。[実験カード1] ○結果をまとめる。 ○考察をする。 　[考え方]＝比較　[プリント3] ・予想と同じで、粘土はどのような形に変えても20gだった。 ・すべての物の重さが変わらなかったから、物の形を変えても、重さは変わらないと思う。 ○結論を導き出す。 　[見　方]＝量的 　物は、形が変わっても、重さは変わらない。 ○前時の予想・仮説の「人の体重は体勢によって変わる」を受けて活用につなげる。	★主体的に学習に取り組む態度（イ） ★知識・技能（イ） ★思考・判断・表現（ア） ▲自分の予想と自分の班や他の班の結果を比較し、考察させる。また、正しく実験が行えていたかということも考えさせる。

授業のポイント・板書例・プリントなど | その他

プリント2

今回の実験は、第1時の事象提示で使った物で行うと、学習の流れに一貫性があってよい。
その他に、①袋入りのお菓子（おせんべい等）をそのまま量るのと、袋の中に入れたまま割って量る、②ブロックを組み立て前と後で量るなどの活動も実験が盛り上がり楽しい学習になる。

【使用するもの】※第4時
アルミ缶、ペットボトル、
アルミホイル、粘土、
プラスチックのカップ、
ラップフィルム、
デジタル式上皿自動はかり

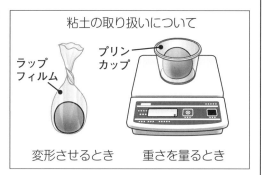

粘土は、形を変えている最中に欠片が出たり、はかりについたりして重さが変わってしまう可能性があるので、ラップフィルムやプリンカップなどを使用する。

実験カード1

3班	実験する物	どのように形を変えるか	形を変える前の重さ	形を変えた後の重さ
重さをはかる人① 形を変える人②	ねん土	小さくする○○○○○○	20g	20g
重さをはかる人② 形を変える人③	ペットボトル	つぶす	13g	13g
重さをはかる人③ 形を変える人④	アルミかん	↓	16g	16g
重さをはかる人④ 形を変える人①	アルミホイル	まるめる	3g	3g

班全員が実験を行えるように、ローテーションをする座席番号を記入しておく。

プリント3

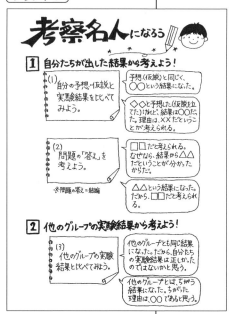

第2章●今の授業にプラスα　3年

時	過程	学習活動	◇支援 ★評価 ▲留意点・工夫
5	活用	人の形（体勢）を変えても、重さは変わらないのかを確かめよう。 ○予想・仮説を立てる。 ○実験計画を立てる。 ○体重計を使って、「体勢を変えると重さは変わるか」という実験を行う。 図1 ○結果をまとめる。 ○考察をする。 考え方 ＝関係付け ○結論を出す。 見　方 ＝量的 人の形（体勢）を変えても、重さは変わらない。	▲前時の結論と、生活体験から得た誤った知識との間で意見が分かれることがあれば、どちらの予想・仮説も受け止める。 ▲体を壁などに触れずに立つことを確認する。 ★知識・技能（ウ）
6		事象提示 | 問題発見・把握 | 予想・仮説 | 観察・実験計画立案 | 観察・実験 | 結果 | 考察 | 結論 | 活用	
	問題発見・把握	○第2時で設定した問題②をおさえる。 問題②　同じ体積でも、物の種類によって重さは違うのだろうか。	◇予想・仮説を立てるときは、第1時の活動や生活体験などから根拠を考えることができるように声をかけたり、「根きょのある予想や仮説を考える名人になろう」を読ませる。 プリント4
	予想・仮説 実験計画の立案	○予想を立てる。 ○実験計画を立てる。 ・違う種類の物を同じ大きさにするのは難しいな。 ・アルミホイルや粘土だったら、同じ大きさにできるかもしれないな。 ・先生に紹介してもらった「物の重さ素材キット」も使いたいな。	◇鉄や木など、素材の違う物を同じ大きさにすることは難しいことに気づかせ、児童が簡易に形を変えられる物を考えさせる。学校に「物の重さ素材キット」のようなものがあれば活用する。 写真1
7	実験/結果 考察 結論	○グループごとに実験し、結果を記録する。 ○考察をする。 ○結論を導き出す。 同じ体積でも、物の種類が違うと重さが変わる。	★主体的に学習に取り組む態度（ウ） ★知識・技能（エ） ★思考・判断・表現（イ） ★知識・技能（オ）

| 授業のポイント・板書例・プリントなど | その他 |

【使用するもの】※第5時
・デジタル式体重計

図1 体勢を変えて体重を量る

立って

片足で

しゃがんで

> 第5時は活用の場面となる。前時の結論を、児童の生活の中で体験している「体重を量る」ことで再確認する。
> 事前アンケートで「体重計にのって、体勢を変えると重さは変わりますか?」と児童に聞いておくと、児童の生活体験の想起にも繋がり、意欲をもって学習に取り組むことができる。

【使用するもの】※第6・7時
・同じ体積の粘土とアルミホイル
・「物の重さ素材キット」

写真1 物の重さ素材キット

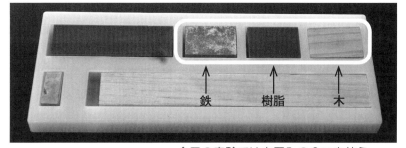

今回の実験では白囲みの3つを使う。

> 「物の重さ素材キット」は、同体積・異素材のものがセットになっていて、球体のものもある。実験計画を立てる際には、児童のさまざまな意見を出してから紹介する。

プリント4

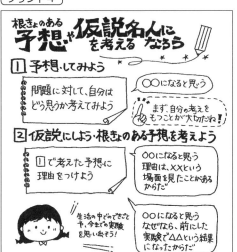

> 4年では、根拠のある予想・仮説を考えることが求められるが、3年では、まだ根拠がなくてもよい。
> 3年では、しっかりと自分自身の予想を立てて実験に臨むことが大切である。3年の後半からは、4年につなげるために少しずつ根拠を考えられるようにしていく。

第2章 ● 今の授業にプラスα　3年

今の授業にプラスα（アルファ！） 4年

- 【地球】 新単元 雨水の行方と地面の様子
- 【生命】 季節と生物（春・夏・秋・冬）
- 【エネルギー】 電流の働き
- 【地球】 天気の様子（天気と気温）
- 【粒子】 金属、水、空気と温度（物の温度と体積）

4年生で育みたい問題解決の力

　4年生で育みたい「問題解決の力」は、**「主に既習の内容や生活経験を基に、根拠のある予想や仮説を発想する力」**となっています。

　問題解決の過程では、問題を作った後に予想・仮説を立てることになっています。今までの理科の授業では、「理由は言えませんが、結果は○○になると思います」や「何となく△△だと思います」などのように、初めは単なる予想でも学年が上がるごとに根拠のある予想や仮説になればよいという考えもありましたが、新学習指導要領では4年生から根拠のある予想や仮説を発想できるように指導していく必要があります。

　例えば、4年の「金属、水、空気と温度」で、ペットボトルの口の部分に玉を詰めたものを子どもたちに見せて「このペットボトルを、お湯が入っている水槽の中に入れると、どうなると思いますか」と発問します。すると子どもたちは、「玉が飛び出すと思います」とか「変化はないと思います」とか「玉がペットボトルの中に入ると思います」のように答えます。教師が「それでは、やってみましょうか」と言って事象提示をすると、玉が飛び出して子どもたちはびっくりします。その後「ペットボトルを温めたとき、なぜ玉が飛び出したのだろうか？」という問題に対して「空気が膨らんで玉をおしたのだと思います」のような予想が出ます。そこで、空気が膨らむことの根拠が言えなくても、これまでの理科の授業では「だんだん理由が言えるようにしましょう。しかし、予想が言えたのはすごいですね」と評価しました。しかし、新学習指導要領では、根拠が言えないときは「隣の友だちと相談してみましょう」または「ここにヒントカードがあるので、そこから考えてみましょう」のように、根拠のある予想や仮説を発想できるように支援することで、最終的には「しぼんだゴム風船をお風呂の中に入れたら膨らんだので、空気は温められると体積が増えると思います。だから膨らんだ空気が玉をおしたのだと思います」のような根拠のある予想や仮説を発想できるようにすることが大切です。

　この本は、4年生の子どもたちがしっかりと「根拠のある予想や仮説を発想できる」ように指導展開をくふうしました。参考にしてほしいと思います。

4年 新単元 雨水の行方と地面の様子

　雨水の行方と地面の様子については、雨水の流れ方やしみ込み方に着目し、それらと地面の傾きや土の粒の大きさとを関係付けて調べる活動を通して、「水は、高い場所から低い場所へ流れて集まること」と「水のしみ込み方は、土の粒の大きさによって違いがあること」を理解できるようにします。また、「雨水の行方と地面の様子について追究する中で、既習の内容や生活経験をもとに、雨水の流れ方やしみ込み方と地面の傾きや土の粒の大きさとの関係について、根拠のある予想や仮説を発想し、表現すること」ができるように指導します。

★問題発見につながる効果的な事象提示の工夫

事象提示　山の斜面と谷底に似せて作った模型に、雨の代わりに水を流します。

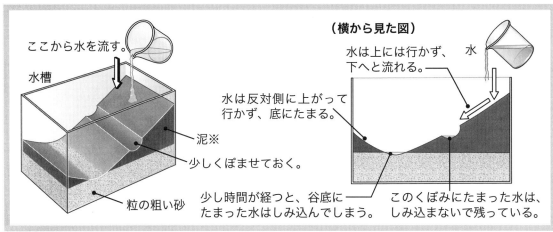

※「泥」は、砂よりも小さい1/16mm未満の大きさで、触っても粒の感触があまりありません。
　本単元では、水分を含んだ粘土状の泥を使用してください。

問題発見・把握　この段階で、問題①、②ともに出るようにします。
　①「水は、高い場所に行かずに低い場所に集まるのだろうか」
　②「水がしみ込む場所と、水がしみ込まない場所があるのはなぜか」

★問題①「水は、高い場所に行かずに低い場所に集まるのだろうか」を解決する

予想・仮説　「水は、高い場所から低い場所へ流れて集まると思う。
　　　　　　なぜなら、ダムや川を見たときにそうだったから」

根拠のある　「水は、低い場所へと流れて行くと思う。なぜなら、砂場で山を作って水を山の
　　　　　　上から流したら、水は下へと流れて行ったから」

[新単元] 雨水の行方と地面の様子

実験計画の立案 ➡ 実験 ➡ 結果 ➡ 考察

山に囲まれた盆地のような模型を粘土で作り、じょうろを使って周りから水を流します。

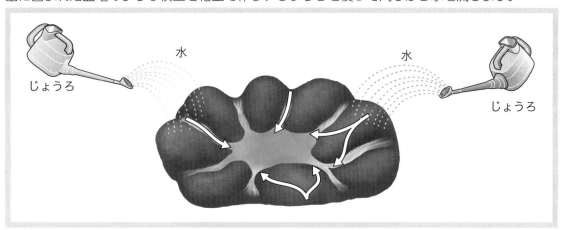

⬇ どの場所から水を流しても下へと流れて、中心の低い場所に水がたまった。

結論 「水は、高い場所から低い場所へと流れて集まる」

★問題②「水がしみ込む場所と、水がしみ込まない場所があるのはなぜか」を解決する

予想・仮説 「水がしみ込まないところは、つるつるしていて粒がほとんど見えないくらい細かいから、水の入る場所がないのではないか」

 根拠のある

「水がしみ込んでいるところは、粒が見えるくらい大きいから、粒と粒の間に水が入るのではないか」

実験計画の立案 ➡ 実験 ➡ 結果 ➡ 考察

小石（れき）と砂と泥が入ったビーカーに、同じ量の水を同時に入れます。

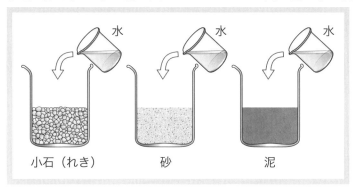

《実験方法》
①3つのビーカーに、それぞれ小石（れき）、砂、泥を同じ高さまで入れる。
②3つのビーカーに、同じ量の水を同時に入れる。
③水のしみ込み方やしみ込む時間の違いを見る。

⬇ 小石（れき）…… 水は、たまることなくすぐにしみ込んだ。
⬇ 砂……………… 水が一瞬たまったようになったが、その後すぐにしみ込んだ。
⬇ 泥……………… 水は、ほとんどしみ込まずにたまっていた。

結論 「水がしみ込む場所と、水がしみ込まない場所があるのは、土の粒の大きさによって水のしみ込み方に違いがあるから」

☆この後に活用扱いとして、雨水の行方と地面の様子と災害を関係付けて授業をすることで、防災意識を高めることができます。

第2章 ● 今の授業にプラスα

4年

季節と生物
（春・夏・秋・冬）

※本書では、「季節と生物」の春・夏・秋・冬の内容をまとめて提出しています。

1. 単元の目標

　身近な動物や植物について動物の活動や植物の成長と季節の変化に着目し、気温と関係付けて調べる活動を通して理科の見方や考え方を働かせながら根拠のある予想や仮説を発想する力を育てる。また、季節ごとの動物の活動や植物の成長の変化について主体的に探究しようとしたり、問題解決しようとしたりする態度を養う。

2. 単元の観点別評価規準

知識・技能
- （ア）動物の活動や植物の成長の様子を観察し、その過程や結果を記録することができる。
- （イ）動物の活動や植物の成長は、暖かい季節、寒い季節など、気温によって違いがあることを理解している。
- （ウ）動物の活動や植物の成長の違いを整理し、その過程や結果をまとめることができる。

思考・判断・表現
- （ア）動物や植物の様子が変化することを気温の変化と関係付けて、根拠のある予想や仮説をもち、表現している。
- （イ）1年間調べていく動物や植物を決め、どのように調べていくか、具体的な観察計画を立てることができる。
- （ウ）身近な動物や植物の変化と季節の気温の変化を関係付けて考察し、自分の考えを表現している。

主体的に学習に取り組む態度
- （ア）身近な動物の活動や植物の成長と季節とのかかわりについて、主体的に問題を見いだそうとしている。
- （イ）身近な植物を大切に育て、観察しようとしている。
- （ウ）植物の茎の伸びに着目し、主体的に植物の茎の伸びと気温とのかかわりを調べようとしている。

3. 単元で働かせる見方・考え方

見方	多様性と共通性	身近な動物や植物について見たり育てたりする中で、動物や植物にはさまざまな種類があるという多様性に着目する見方。 動物の活動や植物の様子の気温による変化には、共通性があるという見方。
考え方	比較	動物の活動や植物の成長を、暖かい季節と寒い季節で比較する考え方。
	関係付け	動物の活動や植物の成長の季節ごとの様子と、気温の変化を関係付ける考え方。

4. 関連する内容

学年	単元	内容
3年	身の回りの生物	身の回りの生物と環境とのかかわり、 昆虫の成長と体のつくり、植物の成長と体のつくり
4年	**季節と生物**	**動物の活動と季節、植物の成長と季節**
5年	植物の発芽、成長、結実 動物の誕生	種子の中の養分、発芽の条件、成長の条件、 植物の受粉・結実 卵の中の成長、母体内の成長
6年		
中学校	生物の観察と分類の仕方 生物と細胞 生物の種類の多様性と進化 など	生物の観察、生物の特徴と分類の仕方 生物と細胞 生物の種類の多様性と進化 など

5. 準備・下調べなど

- 学校の周りにいる動物と、校庭にある植物の把握
- 害のある生物とその対処方法の把握
- ツルレイシの種の発注（4月中）　●植え替え用のプランターなど
- 支柱やネットの用意（5月中）
- ツルレイシを栽培するための人数分の牛乳パックの用意
   ※500mLの牛乳パックを底から6～7cmの高さで切っておく。
- 観察時に必要な物（棒温度計、虫眼鏡、ものさし、巻尺、デジタルカメラなど）

6. 指導計画（22時間）※春（7）、夏（4）、秋・冬（9）、まとめ（2）

時	過程	学習活動	◇支援 ★評価 ▲留意点・工夫
春1・2	事象提示	○春の生物の様子を観察し、話し合う。 見方＝多様性と共通性 〈校庭の樹木、身近な動物〉 ・サクラの花が散ってしまった。 ・カエルやカマキリの卵を見つけたよ。 ・ツバメが巣をつくっていたよ。 ○これから、どのように変化するのかを予想する。 ・サクラは葉がたくさん出てくると思う。 ・カマキリは卵から孵って、成虫になっていくと思う。 ・モンシロチョウが見られると思う。 ○生物の様子の変化を観察し、どうしてそうなったのかを考えて記録する。 ・カマキリの卵が孵ったのは春だからかな。 ・春でも、寒かったらサクラの花は咲かないから、季節ではなく、気温で変化するのかな。	▲校庭や、近くの公園、校内のビオトープなど身近な場所にいる生物を観察する。 ▲日付、気温や水温を観察カードに書くことを伝える。観察カード1 ▲虫眼鏡、ものさし、巻尺など観察に必要な物を用意する。 ★知識・技能（ア） ◇児童は、季節が冬から春になったから植物や動物が変化したと考えがちであるので、季節だけでなく気温の変化にも注目させて、問題をつくるようにする。
春3		事象提示｜**問題発見・把握**｜予想・仮説｜観察・実験計画立案｜観察・実験｜結果｜考察｜結論｜活用	
	問題発見・把握	○問題を設定する。 生物の様子と気温には、どのような関係があるのだろうか。	★主体的に学習に取り組む態度（ア）
	予想・仮説	○生物の1年間の様子と気温にはどのような関係があるのか、根拠のある予想を立てる。 ・3年のときに育てたヒマワリは、春に芽が出て、夏になったら背が高くなって花が咲いたので、気温が高いとたくさん成長し、花が咲くと思う。 ・夏になると、生き物の鳴き声がたくさん聞こえるので、気温が高いと生き物は元気に	▲3年で学習した、ヒマワリの育ち方を確認することで、生物の1年間の様子に見通しをもたせる。 ▲3年での学習や、生活体験を想起させ、根拠のある予想にする。 ◇3年のときの「予想・仮説名人になろう」のプリントを活用し、根拠のある予想を立てられるようにする。プリント1 ※P.59

| 授業のポイント・板書例・プリントなど | その他 |

観察カード１
※春１・２時

【かんさつカード】
問題　生物のようすと気温には、どのような
　　　関係があるのだろうか。

日付_____　天気_____　気温（水温）_____　場所_____

スケッチ

今回の大きさ　　　cm　　　前回との差　　　cm

事実
※色、形、様子、どのような変化をしているか記録する。

考え
※観察をして考えたこと、これからの予想、調べてみたいことを記入する。

観察カードには、事実と考えの両方を書かせる。

【スケッチのポイント】※春１・２時
　スケッチは鉛筆を使い、１本線で輪郭をしっかりと描かせる。色は全体をざっと塗るのではなく、葉１枚だけ、変化のあった部分だけなど、一部に着目させる。また、全体と拡大して見た（変化のあった）部分の両方を描かせるのもよい。

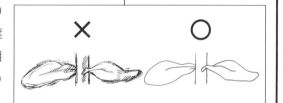

【板書例】※春３時

問題　生物のようすと気温には、どのような関係があるのだろうか。
　　　ヒマワリ　たね→子葉→葉→花→実→かれる→たね

〈予想の書き方〉
①予想
　問題に対して、自分はどう思うか考える。
②根きょのある予想
　①で考えた予想に理由をつけよう。
・３年生のときの勉強や生活をふり返ろう！

〈予想〉
・夏になると、生き物の鳴き声がたくさん聞こえるので、気温が高いと生き物は元気になると思う。
・冬は、ヒマワリもかれていたし、生き物もあまり見かけないから、気温が低いと生き物は死んでしまうと思う。

〈かんさつ計画〉
変化がしっかりとかんさつできるようにしよう。
・たねから育てる植物……ツルレイシ
・１年間かんさつする木、動物……自分で決める
・定期的にかんさつする……１か月に１回（月初めの理科）
・変化があったら記録する……発見カード

第２章●今の授業にプラスα　４年

時	過程	学習活動	◇支援 ★評価 ▲留意点・工夫
春 4〜7		・なると思う。 ・トンボやコオロギは、秋になるとよく見かけるから、生き物によって元気になる気温が違うのではないかと思う。 ・冬は、ヒマワリも枯れていたし、生き物もあまり見かけないから、気温が低いと生き物は死んでしまうと思う。	◇根拠のある予想をすることが苦手な児童には、ヒントカードを提示する。 ヒントカード1〜3 ★思考・判断・表現（ア）
	観察計画の立案	○1年間の観察計画を立てる。 ・変化がわかりやすいように、種から植物を育てて観察しよう。 ・1年間観察する木を決めよう。 ・植物や動物を定期的に観察しよう。	★思考・判断・表現（イ） ★主体的に学習に取り組む態度（イ） ▲定期的に観察する計画を立て、決まった時刻に気温（水温）の測定をすることをおさえる。
	観察	○気温が高くなってきたときのツルレイシや、サクラ、動物の観察をする。 　見方＝多様性と共通性	★知識・技能（ア）
	結果/考察 結論	○観察記録をもとに、考察をする。 ○結論を導き出す。　考え方＝関係付け 暖かくなると、植物は芽が出たり花が咲いたりして、動物は卵を産んだり動きが活発になったりする。	★思考・判断・表現（ウ） ★知識・技能（イ）
夏 (4)	観察	○植物や動物の観察をする。 　見方＝多様性と共通性 ・ツルレイシの茎がすごく伸びたな。 ・サクラの葉が増えたな。 ・オタマジャクシがカエルになったよ。 ○これまでのツルレイシの茎の長さと気温を振り返り、表やグラフにまとめる。 ・5月の頃よりたくさん伸びているね。 ・最近は、気温が高いよ。 ○最近のツルレイシの成長が著しいことに着目し、観察計画を立て、茎の伸びと気温の変化を1週間調べる。	▲ツルレイシは、巻きひげが出てきたら花だんやプランターに植え替える。 ▲気温の変化、動物の活動の変化、植物の成長の変化を表やグラフにまとめる。 ★主体的に学習に取り組む態度（ウ）

授業のポイント・板書例・プリントなど | その他

プリント1 ※春3時

ヒントカード1〜3 ※春3時

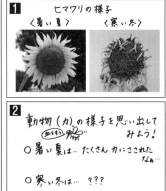
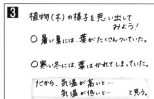

【観察対象に、わたしの○○という意識をもたせるポイント】※春4時以降

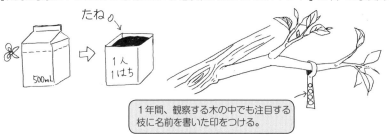

木を観察する際には、全体を観察するだけでなく部分の変化にも着目させるため、観察する枝を決め、印をつけておくとよい。

観察は長期間となるため、児童の意欲を継続させる必要がある。その手立てとして、ツルレイシを一人一鉢にしたり、木と一緒に写真を撮ったりして愛着をもたせるとよい。

【児童が記録したツルレイシの観察カード】※春4時以降

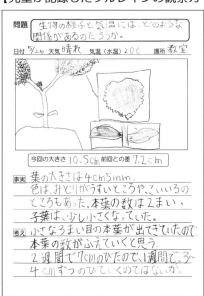
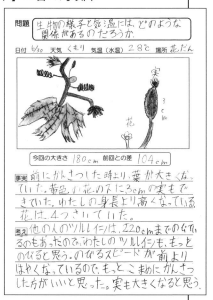

時	過程	学習活動	◇支援 ★評価 ▲留意点・工夫
秋冬(9)　まとめ(2)	結果/考察	・5月に成長した長さより、この1週間で成長した長さの方が長いよ。 ・1日で5.2 cmも伸びているよ。 ○結果をまとめ、考察をする。 ・気温と植物の成長は関係していると思う。 ・5月より気温が高くなったから、ツルレイシがたくさん成長したのだと思う。	◇毎日同じ場所から撮った写真を並べて掲示すると、全体の変化がわかりやすい。 ▲ツルレイシの観察をきっかけに、ツルレイシ以外の植物や動物についての変化にも気づくようにさせる。 ▲ツルレイシ、他の植物、動物の様子と気温の変化を関係付けて考えさせる。
	結論	○結論を導き出す。　考え方＝関係付け 気温が高くなると、生物の種類が増え、植物は大きく成長し、動物は活発に活動する。	
	予想・仮説 〜結論 (※繰り返す)	※その後、夏の終わり、秋、冬と継続的に観察を行い、その都度、予想・仮説〜結論まで繰り返し行っていく。	◇児童が日常的に生物の変化を記録できるように「発見カード」などを用意する。観察カード2
	考察	○1年間の観察記録を整理し、生物の様子と気温にどのような関係があるか考察をする。　考え方＝比較・関係付け ○植物の成長と気温の関係について、クラス全体で話し合う。 ○動物の活動と気温の関係について、クラス全体で話し合う。	◇変化を見つけやすいように、観察カードをつなげてひとまとめにするとよい。写真1 ◇1年間の気温の変化、植物の成長の変化、動物の活動の変化をグラフにまとめる。図1
	結論	○結論を導き出す。 植物は、気温が高い季節には全体がよく育つ。しかし、気温が低くなる季節にはほとんど育たなくなる。 動物は、気温の高い季節には見られる種類も多く、活発に活動する。しかし、気温の低い季節には活動が鈍くなり、あまり見かけなくなる。 このように、生物の様子は、気温によって違いがある。	★知識・技能（ウ） ★知識・技能（イ）

| 授業のポイント・板書例・プリントなど | その他 |

観察カード2

発見カード　　名前（　　　　　）
　　　　　　　　日付　　　　気温（水温）

生物の名前 _____

※変化を図や文で記録する。

写真1　観察カードのつなげ方の例

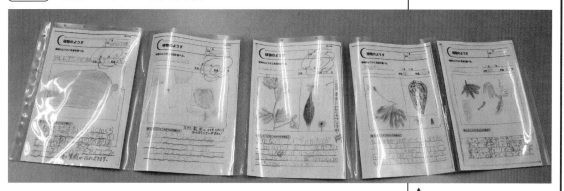

↑
5つ折りのクリアファイルなどを使うと、観察した生物の成長や変化の記録をひとまとめにできる。
ファイルが入手できない場合は、観察カードに直接テープを貼ってつなげてもよい。

図1　1年間の観察のまとめ方のポイント　※まとめ1・2時

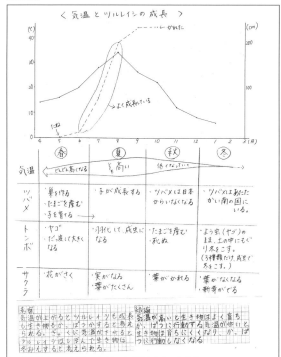

気温と植物の成長の変化、動物の活動の様子を1枚の紙面にまとめることで、関係付けをしやすくする。

第2章 ● 今の授業にプラスα

4年

4年 電流の働き

※新学習指導要領では「光電池」の内容が6年になりますが、本書ではこの単元で扱っています。

1. 単元の目標

電流の働きについて電流の大きさや向きと乾電池につないだ物の様子に着目し、乾電池の数やつなぎ方と関係付けて調べる活動を通して理科の見方や考え方を働かせながら根拠のある予想や仮説を発想する力を育てる。また、電流の働きについて主体的に探究しようとしたり、問題解決しようとしたりする態度を養う。

2. 単元の観点別評価規準

知識・技能	(ア) 電流には向きがあることを理解している。 (イ) 簡易検流計を使って、乾電池の直列つなぎと並列つなぎの回路の電流の大きさを調べ、その過程や結果を記録することができる。 (ウ) 乾電池の数やつなぎ方を変えると、モーターの回る速さが変わることを理解している。
思考・判断・表現	(ア) 乾電池の数やつなぎ方によってモーターの回転する速さが変わることを回路に流れる電流の大きさと関係付けて考え、表現している。 (イ) 光電池のつなぎ方や光の当て方によってモーターの回る速さが変わることを、回路に流れる電流の大きさと関係付けて考え、表現している。
主体的に学習に取り組む態度	(ア) モーターを乾電池につないだときのモーターの回り方に着目し、主体的に調べようとしている。 (イ) 乾電池の数やつなぎ方を変えたときのモーターの回り方の違いに着目し、主体的に調べようとしている。 (ウ) 光電池の電気を起こす働きと当てる光の強さの関係を、実験結果から主体的に考えようとしている。

3. 単元で働かせる見方・考え方

見方	量的	モーターの回る速さの違いと電流の大きさに関する量的な見方。
考え方	比較	モーターの回り方の違いと乾電池のつなぎ方を比較する考え方。
	関係付け	モーターの回る向きについて、乾電池のつなぎ方と電流の向きを関係付ける考え方。

4. 関連する内容

学年	単元	内容
3年	磁石の性質 電気の通り道	磁石に引きつけられる物、異極と同極 電気を通すつなぎ方、電気を通す物
4年	**電流の働き**	**乾電池の数とつなぎ方、光電池の働き** ※光電池の内容は、新学習指導要領では6年に移ります。
5年	電流がつくる磁力	鉄心の磁化、極の変化、電磁石の強さ
6年	電気の利用	発電・蓄電、電気の変換、電気の利用
中学校	電流 電流と磁界 　　　　　　　　　など	回路と電流・電圧、電流・電圧と抵抗、 電気とそのエネルギー、静電気と電流 電流がつくる磁界、磁界中の電流が受ける力、 電磁誘導と発電　　　　　　　　　　　　など

5. 準備・下調べなど

- 乾電池（残量を確認しておく）
- 乾電池ホルダー
- プロペラつきモーター
- 導線（人数分切り分けておく）
- 簡易検流計（正しく動作するかどうかを確認しておく）
- スイッチ
- 光電池

6. 指導計画（11時間）

時	過程	学習活動	◇支援 ★評価 ▲留意点・工夫
1・2	事象提示→問題発見・把握→予想・仮説→観察・実験計画立案→観察・実験→結果→考察→結論→活用		
	事象提示	○乾電池1個とプロペラつきモーターをつなぐ体験をして、気づいたことや疑問点を出し合う。 ・プロペラが回った。 ・扇風機みたいに風が来た。 ・乾電池の向きを変えると、モーターの回る向きが変わった。 ・風が後ろの方に出た。	▲最初に体験を行う際の条件や注意点を伝える。 ▲乾電池1個、導線2本、プロペラつきモーター、乾電池ホルダーのみを使用する。 ▲ショート回路にしないよう注意する。 ◇つなぎ方がわからない児童へは、実物投影機を使い、教師の手元の回路を見せる。 ▲自分の試したつなぎ方を記録しておき、後でクラス全体で共有できるようにする。
	問題発見・把握	○問題を設定する。 　なぜ、乾電池の向きを変えるとモーターの回る向きも変わるのだろうか。	
	予想・仮説	○予想を立てる。 ・乾電池の向きを変えると、電流の向きが反対になると思うから。	▲電流の向きを確かめるには、簡易検流計を使えばよいことを伝え、第3時につなげる。
3	実験計画の立案	○実験を計画する。 ・簡易検流計を使って電流の向きを調べよう。	◇簡易検流計の使い方については実物投影機に映し出し、回路を正しくつなげるようにする。 ▲2人で1つの簡易検流計を使用し、教え合いながら実験ができるようにする。
4	実験	○乾電池、プロペラつきモーター、スイッチ、簡易検流計をつないで、乾電池の向きを変えながら実験をする。	▲赤と黒、赤と青など、導線の色にも注目し、乾電池を入れる向き以外はどれも同じ回路になるようにする。 ★主体的に学習に取り組む態度（ア）

授業のポイント・板書例・プリントなど	その他
【問題発見・把握につなげる事象提示のポイント】※第1・2時 ○体験活動をさせる際の「活動の視点」を明確にする。 ・乾電池のつなぎ方とモーターの回り方の関係 ○乾電池のつなぎ方とそのときのモーターの回り方を絵で表現させ、記録させる。 【予想に根拠をもたせるためのポイント】※第1・2時 ・体験活動で乾電池の向きを変えるとどうなったのかを記録しておく。 ・体験活動での結果を予想につなげ、思考の流れをつくる。 　何が関係していそうか → 乾電池の向きを変えたから → 電気の通り道の向きが変わる → モーターの回る向きが変わる 【板書例】※第1・2時 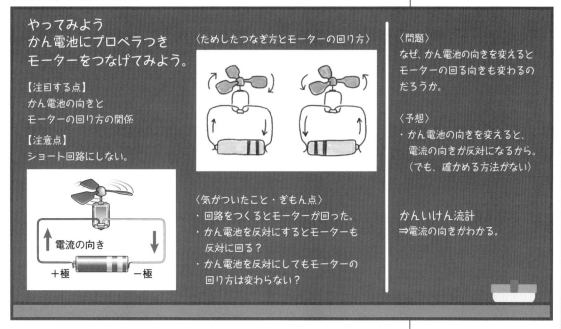 【簡易検流計の使い方指導のポイント】※第3時 ・実物投影機を使うと、乾電池、プロペラつきモーター、スイッチ、簡易検流計などのつなぎ方を見せながら説明することができる。また、教師がつないだ回路の画像を見ながら、児童は回路を正しくつなげることができる。 ・ペアで実験をすることで、教え合いながら進めることができる。	3年「電気の通り道」の学習内容を想起させる。

時	過程	学習活動	◇支援 ★評価 ▲留意点・工夫
	結果	○結果を記録する。	▲結果を記録する際には、導線の色を色鉛筆などで描かせて、視覚的にわかりやすくする。
	考察	○考察をする。	◇乾電池の向きと、モーターの回る向きに着目させる。
	結論	○結論を導き出す。 考え方 ＝関係付け	★知識・技能（ア）
		乾電池の向きを変えると、電流の向きが変わるから、モーターの回る向きも変わる。	
5		事象提示 / 問題発見・把握 / 予想・仮説 / 観察・実験計画立案 / 観察・実験 / 結果 / 考察 / 結論 / 活用	
	事象提示	○教師がプロペラつきモーターを、乾電池1個と乾電池2個で回し、モーターの回る速さを比較させる。 　ア．乾電池1個　　　　　　　図1 　イ．乾電池2個、直列つなぎ　図2 　ウ．乾電池2個、並列つなぎ　図3 ○事象を見て、気づいたことを発表する。 ・アよりもイのモーターはとても速く回った。 ・アとウは同じくらいの速さだった。 ・イとウだと、イが速かった。	▲実物投影機を使って教師の手元を大きく見せる。 ▲乾電池部分は児童に見えないようにする。乾電池以外は同じ状態であることを伝える。 ▲モーターの回る速さの差がわかりにくいときは、プロペラに付せん紙を貼って回すとよい。
	問題発見・把握	○問題を設定する。 モーターの回る速さが違うのは、何が原因だろうか。	
	予想・仮説	○予想を立てる。 ・乾電池のつなぎ方が違う。 ・乾電池の中に残っているエネルギーの量が違う。	
6	実験計画の立案	○電気用図記号を理解し、回路図を描く。	▲電気用図記号の一覧表のプリントを配付し、回路図を描くことに慣れるようにする。 図4 ※P.69

授業のポイント・板書例・プリントなど	その他

【事象提示のポイント】※第5時
・乾電池部分はブラックボックス化し、児童から見えないようにする。
・事象を提示する際に、「乾電池の数」はアが1個でイとウが2個であることを児童に伝えることで、後で「乾電池の数」と「回る速さ」を関係付けられるようにする。

図1　アのつなぎ方の図　　　図2　イのつなぎ方の図

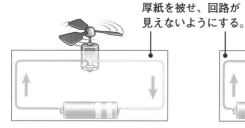
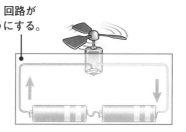

厚紙を被せ、回路が見えないようにする。

図3　ウのつなぎ方の図

厚紙を被せ、回路が見えないようにする。

第2章●今の授業にプラスα

4年

【板書例】※第5時

やってみよう　3つのモーターのちがいを見つけよう。

　　　　　　　　　アのつなぎ方の図　　イのつなぎ方の図　　ウのつなぎ方の図

・かん電池は新しい
・モーターやプロペラ、どう線の長さは同じ
　【ア】⇒かん電池1こ
　【イ】⇒かん電池2こ
　【ウ】⇒かん電池2こ

【アとイ】
・アよりもイの方が、モーターの回る速さが速い。

【アとイのちがいの原因は？】
・かん電池の数
　⇒イのかん電池は2こ

【アとウ】
アとウの回り方にちがいはない。

【アとウはかん電池の数がちがうのに回る速さが同じに見える。
原因は？】
・かん電池のつなぎ方

【みんなでたしかめたいこと】
1　イのモーターが速く回ったのは、何が原因だろう。
2　かん電池の数が増えても、ウのモーターの回る速さがアと同じ原因は何だろう。

時	過程	学習活動	◇支援 ★評価 ▲留意点・工夫
7・8	実験	○簡易検流計を使って、乾電池の数や乾電池のつなぎ方を変えたときの電流の大きさを調べる実験をする。 　ア．乾電池1個 　イ．乾電池2個（直列つなぎ） 　ウ．乾電池2個（並列つなぎ）	▲直列つなぎ・並列つなぎについては実物投影機で映し出し、回路のつなぎ方がわかるようにする。 ◇並列つなぎのつなぎ方がわからない児童が多い。ヒントカードを使ったり声かけをしたりする。 ★主体的に学習に取り組む態度（イ） ★知識・技能（イ）
	結果	○結果を共有する。 考え方 ＝比較 ・乾電池2個の直列つなぎが一番速くモーターが回った。 ・乾電池1個のときと、乾電池2個の並列つなぎのときは、同じ速さだった。	
	考察 結論	○考察をする。 ○結論を導き出す。 見 方 ＝量的 　モーターが速く回ったのは、乾電池2個を直列につなぐことで電流が大きくなったからである。	★思考・判断・表現（ア） ★知識・技能（ウ）
9	事象提示	○光電池の働きで回る2つのモーターの動画を見せる。 ・モーターの回る速さが違う。	
10・11	問題発見・把握	○問題を設定する。 　光電池の電気を起こす働きは、何によって変わるのだろうか。	★思考・判断・表現（イ）
	（予想/実験/結果/考察） 結論	○結論を導き出す。 　光電池の電気を起こす働きは、光の強さで変わる。	★主体的に学習に取り組む態度（ウ） ※第9〜11時の光電池の内容は、新学習指導要領では6年に移ります。

| 授業のポイント・板書例・プリントなど | その他 |

図4　電気用図記号

【実験計画の立案から実験までのポイント】※第6〜8時
- ショート回路にならないように注意する。
- 回路図を描いてから、そのつなぎ方で実験させる。
- 児童に電気の通り道を赤色で描かせて、電気がどこを通っているのか意識させるようにする。
- 「このつなぎ方は、必ずやろう」などと教師が指定してもよい。

【結果を共有する際のポイント】※第7・8時
- 電気の流れを意識させるため、結果の共有の際にも電気の通り道を赤色で描かせるようにする。
- 電気の流れと、回路を流れる電流の大きさを意識させる。
  ⇒直列つなぎや並列つなぎへの橋渡しとなる。
- 結果の共有後に直列つなぎと並列つなぎについて説明することで、つなぎ方と名称が一致し、しっかりと理解できる。

【板書例】※第7・8時

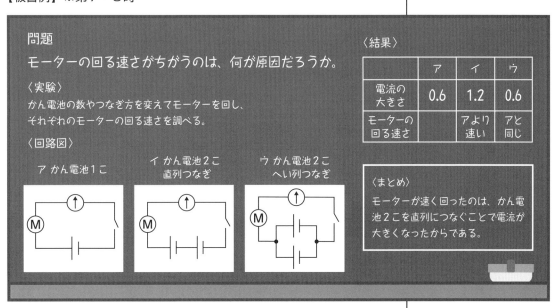

エネルギー　粒子　生命　地球

天気の様子
（天気と気温）

4年

1. 単元の目標

　天気の様子について1日の気温に着目し、天気と気温を関係付けて調べる活動を通して理科の見方や考え方を働かせながら根拠のある予想や仮説を発想する力を育てる。また、天気と1日の気温について主体的に探究しようとしたり、問題解決しようとしたりする態度を養う。

2. 単元の観点別評価規準

知識・技能
- （ア）1日の気温の変化を適切な方法で測定し、結果を記録することができる。
- （イ）測定した結果を、折れ線グラフに表すことができる。
- （ウ）天気によって、1日の気温の変化の仕方に違いがあることを理解している。

思考・判断・表現
- （ア）1日の気温が天気や時刻によってどのように変化するかを生活経験や既習内容を根拠にして予想し、自分の考えを表現している。
- （イ）観察結果をもとに、天気と1日の気温の変化を関係付けて考察し、自分の考えを表現している。

主体的に学習に取り組む態度
- （ア）天気と気温の関係に着目し、主体的に問題を見いだそうとしている。
- （イ）天気と気温の関係に着目し、主体的に気温の測定や記録に取り組もうとしている。

3. 単元で働かせる見方・考え方

見方	時間的・空間的	1日の気温の変化を、天気の変化や時間の経過を追って観察する見方。
考え方	比較	晴れの日と雨の日の、1日の気温の変化を比較する考え方。
	関係付け	天気の変化と1日の気温の変化を関係付ける考え方。

4. 関連する内容

学年	単元	内容
3年	太陽と地面の様子	日陰の位置と太陽の動き、地面の暖かさや湿り気の違い
4年	**天気の様子**	**天気による1日の気温の変化、（水の自然蒸発と結露）**
5年	天気の変化	雲と天気の変化、天気の変化の予想
6年		
中学校	気象観測 天気の変化 日本の気象 自然の恵みと気象災害 　　　　　　　　など	気象要素、気象観測 霧や雲の発生、前線の通過と天気の変化 日本の天気の特徴、大気の動きと海洋の影響 自然の恵みと気象災害 　　　　　　　　　　　　　　　など

5. 準備・下調べなど

- 棒温度計（アルコール温度計）
- 厚紙（画用紙）
- 輪ゴム
- 観察カード
- 自記温度計（記録温度計）
- グラフ用紙（作ってもよい）

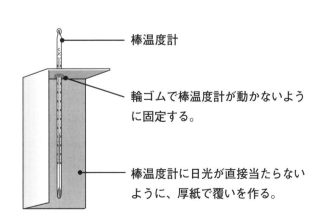

棒温度計

輪ゴムで棒温度計が動かないように固定する。

棒温度計に日光が直接当たらないように、厚紙で覆いを作る。

6. 指導計画（5時間）

時	過程	学習活動	◇支援 ★評価 ▲留意点・工夫
1	事象提示｜**問題発見・把握**｜予想・仮説｜観察・実験計画立案｜観察・実験｜結果｜考察｜結論｜活用		
	事象提示	○晴れの日と曇りの日の動画や写真を見て、1日の天気と気温の関係を話し合う。 考え方＝比較　写真1　写真2 ・晴れの日は、朝は涼しかったけど、中休みには暖かくなっていた。 ・曇りの日は、昼休みになっても気温は上がっていないと感じた。 ・雨の日の夜は寒かった。	▲休み時間に校庭で遊んでいる子どもたちの様子を、動画や写真で撮っておき、提示する。 ◇3年「太陽と地面の様子」を想起させる。 ▲動画や写真を見せる際には「天気」と「気温の変化」に着目させる。
	問題発見・把握	○問題を設定する。 　1日の気温の変わり方は、天気によってどのような違いがあるのだろうか。	★主体的に学習に取り組む態度（ア）
2	事象提示｜問題発見・把握｜**予想・仮説**｜観察・実験計画立案｜観察・実験｜結果｜考察｜結論｜活用		
	予想・仮説	○予想・仮説を立てる。 ・晴れの日に校庭で遊んだら、暑くなって半袖になったから、気温はすごく上がると思う。 ・晴れの日の気温のグラフは、山のような形になると思う。 ・雨の日の気温のグラフは、直線のようになると思う。 ・3年のときの観察で、日陰の地面の温度は上がらなかったから、太陽の出ていない雨や曇りの日だと気温はあまり上がらないと思う。	▲予想を立てるときには、見えない気温の変化を、大まかなグラフで表して可視化するとよい。 ▲3年「太陽と地面の様子」の学習内容を予想の根拠にさせる。 ★思考・判断・表現（ア）
	観察計画の立案	○観察計画を立てる。	◇グラフの描き方や読み方の確認をする。 ▲算数で「折れ線グラフ」を学習していない場合は、折れ線グラフについて説明する。

| 授業のポイント・板書例・プリントなど | その他 |

【事象提示のポイント】※第1時
　晴れの日と曇りの日の写真を比較させ、天気と気温の変化に焦点を当てて話し合わせる。

写真1　晴れの日の写真　　　写真2　曇りの日の写真

3年「太陽と地面の様子」の学習内容をおさえる。
・太陽の光が当たると、地面の温度が上がった。
・日陰より日なたの方が地面の温度が高かった。

【根拠のある予想をもたせるためのポイント】※第2時
・3年「太陽と地面の様子」の学習内容を想起させる。
・第1時で使った写真を提示しておく。

【板書例】※第2時

問題
1日の気温の変わり方は、天気によってどのようなちがいがあるのだろうか。

〈予想〉
○晴れの日は気温が高くなる。
理由：日光が当たると、地面の温度も上がると思うから。
○気温のグラフは山のような形になる。

○くもりの日はあまり気温が変化しない。
理由：日光が当たらず、地面の温度が上がらないと思うから。
○気温のグラフは直線のようになる。

○雨の日はあまり気温が変化しない。
理由：日光が当たらず、地面の温度が上がらないと思うから。
○気温のグラフは直線のようになる。

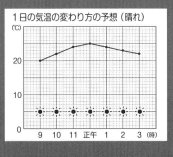
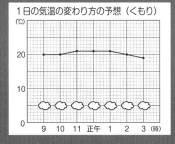
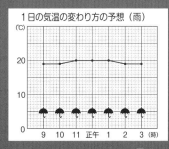

時	過程	学習活動	◇支援 ★評価 ▲留意点・工夫
3・4	観察	○1日の気温の測定は約1時間ごとに同じ場所で行う。 ○百葉箱の中にある自記温度計（記録温度計）も併用し、夜から早朝も記録を取る。 ○念のため、数日間の記録を取る。 ○晴れの日と曇りの日、雨の日に気温を測定して観察カードに記入する。また、測定時の天気や気がついたことも記録する。 見方＝時間的・空間的 観察カード1	▲第3・4時の観察は、晴れ、曇り、雨それぞれの気温を測定するため、事前に何日かかけて気温を記録しておく。 ▲約1時間ごとに気温を測れるようにする。1時間だと児童もわかりやすい。 ▲1日の気温の変化が捉えやすくなるように、朝、登校したらすぐに測定させるか、教師が測定しておく。 ★主体的に学習に取り組む態度（イ） ★知識・技能（ア）
	結果	○結果を表と折れ線グラフに表す。	▲測定結果をクラス全体で共有するために、各班の測定結果を模造紙に表す。 ▲自記温度計（記録温度計）で測った夜から早朝の気温の記録も見るようにする。 ★知識・技能（イ）
	考察	○考察をする。 考え方＝関係付け	◇「天気」と「気温の変化」にはどのような関係があるのかを考えさせる。
5	結論	○結論を導き出す。 ●晴れの日の気温は、朝と夜が低く、日中は高くなり、1日の中で気温が大きく変わる。 ●曇りや雨の日は、1日の中で、気温があまり変化しない。 ●1日の気温の変わり方は、天気によって違いがある。	★思考・判断・表現（イ） ★知識・技能（ウ）

授業のポイント・板書例・プリントなど	その他

【気温測定のポイント】※第3・4時
・棒温度計は器差があるので、同じものを使う。
・記録をグラフに表すのは、すべての記録が取れてからでよい。

観察カード1

表　月　日　名前

時こく							
天気マーク							
気温(℃)							

※ここに天気と気温の変化の関係について気づいたことなどを記入させる。

裏　〈気温のはかり方〉
・建物からはなれた風通しのよい場所
・地面から1.2〜1.5mの高さ
・顔から20〜30cmはなす

天気の見分け方は、5年の内容なので、教師が基準を理解しておき、学級全体で天気を判断するとよい。

●天気の見分け方
　晴れ　雲量0〜8
　曇り　雲量9〜10
　雨　　雨が降っている

気温の調べ方については、観察カードの裏に記載しておき、児童が確認できるようにするとよい。

【結果を表と折れ線グラフで表す方法】※第3・4時
　黒板にグラフ用紙と表を拡大したものを貼り、各班の結果を丸いシールなどで表してから線でつなぎ、折れ線グラフのようにする。晴れのときと、曇りや雨のときで2枚作る。

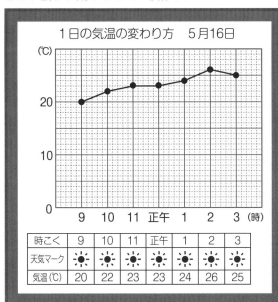

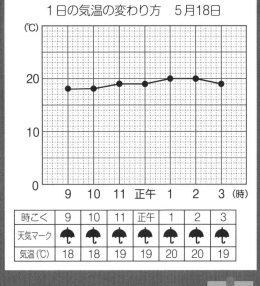

第2章 ● 今の授業にプラスα

4年

金属、水、空気と温度
（物の温度と体積）

1. 単元の目標

　金属・水・空気の性質について体積の変化に着目し、温度の変化と関係付けて調べる活動を通して理科の見方や考え方を働かせながら根拠のある予想や仮説を発想する力を育てる。また、金属・水・空気の性質について主体的に探究しようとしたり、問題解決しようとしたりする態度を養う。

2. 単元の観点別評価規準

知識・技能
- （ア）試験管に閉じ込めた空気を温めたり冷やしたりして体積の変化を調べ、結果を記録することができる。
- （イ）試験管に閉じ込めた水を温めたり冷やしたりして体積変化を調べ、結果を記録することができる。
- （ウ）金属球を熱したり冷やしたりして、体積変化を調べ、結果を記録することができる。
- （エ）空気、水、金属は、温めたり冷やしたりすると体積が変化することと、温度による体積変化は、空気が最も大きいことを理解している。

思考・判断・表現
- （ア）閉じ込められた空気や水、金属の変化について、生活経験や既習内容を根拠にして予想し、表現している。
- （イ）空気の体積変化を温度変化と関係付けて説明している。
- （ウ）水と空気の体積変化を比較し、温度変化と関係付けて説明している。
- （エ）金属の体積変化を空気や水の体積変化と比較し、温度変化と関係付けて説明している。

主体的に学習に取り組む態度
- （ア）空気の性質について、提示された事象から主体的に問題を見いだそうとしている。

3. 単元で働かせる見方・考え方

見方	量 的	空気、水、金属を温めたり冷やしたりすることで変化する体積に着目する量的な見方。
考え方	比 較	空気、水、金属の温度による体積変化の様子を比較する考え方。
	関係付け	空気、水、金属の温度変化とそのときの体積変化を関係付ける考え方。

4. 関連する内容

学年	単 元	内 容
3年		
4年	空気と水の性質 **金属、水、空気と温度**	空気の圧縮、水の圧縮 **温度と体積の変化、（温まり方の違い、水の三態変化）**
5年		
6年		
中学校	状態変化	状態変化と熱、物質の融点と沸点

5. 準備・下調べなど

- 試験管
- 丸底フラスコ
- フラスコの栓（ジャガイモや発泡ポリエチレン）
- 石けん水
- ゴム栓つきガラス管
- 発泡ポリスチレンの容器
- 湯（60〜70℃）
- 氷水
- 棒温度計
- 金属球膨張試験器
- 実験用ガスこんろ（またはアルコールランプ）
- 濡れ雑巾

6. 指導計画（7時間）

時	過程	学習活動	◇支援 ★評価 ▲留意点・工夫
1	事象提示 / 問題発見・把握	**事象提示**（事象提示｜**問題発見・把握**｜予想・仮説｜観察・実験計画立案｜観察・実験｜結果｜考察｜結論｜活用） ○試験管の口に石けん水の膜を張り、手で握ったり離したりして膜の様子を見せる。 ・石けん水の膜が膨らんだのはなぜだろう。 ・空気が温められて上に飛び出ようとしたからだと思う。 ・手を離すと石けん水の膜がへこんでいく。 ・空気は温めると膨らむのかな。 **問題発見・把握** ○問題を設定する。 　空気は、温められたり冷やされたりすると、体積がどのように変わるのだろうか。	▲試験管の事象提示で児童の興味を高める。 ▲石けん水の膜が膨らんだりもとに戻ったりする事象をじっくり観察させる。 ▲事象を大型ディスプレイで映すと児童が見やすい。 ◇「中に入っている空気の体積」と「温度」に着目するようにする。 ★主体的に学習に取り組む態度（ア）
2	予想・仮説	**予想・仮説**（事象提示｜問題発見・把握｜**予想・仮説**｜観察・実験計画立案｜観察・実験｜結果｜考察｜結論｜活用） ○予想・仮説を立てる。 ・前の授業のとき、石けん水の膜は上に膨らんだから、温めた空気の体積は、上方向に大きくなると思う。 ・空気は温めると全体的に体積が大きくなる。風船を日なたに置いていたら割れてしまったから。 ・いろいろな方向に体積が大きくなると思うので、予想通りなら試験管を下に向けても石けん水の膜は膨らむ。	★思考・判断・表現（ア） ▲予想を立てるときには、試験管を温めたり冷やしたりしたときの中の空気の様子を、絵や図で描かせる。 ◇予想の根拠を示すことが難しい児童には、予想から実験の結果を見通して書かせてもよい。
3	実験計画の立案 / 実験	○実験計画を立てる。 ・試験管の空気を温めたり冷やしたりしたときのガラス管の中に入れた水の位置の変化を観察する。 ・上下左右、斜めなど、さまざまな方向で試せるようにする。 ○実験をする。　図1	▲事象提示のときの、石けん水の膜が膨らんだら体積が大きくなっていること、へこんだら体積が小さくなっていることをおさえておく。 見 方 ＝量的 ★知識・技能（ア）

| 授業のポイント・板書例・プリントなど | その他 |

【事象提示のポイント】※第1時
・自分の手で温めるので、必要であれば湯で温めたタオル等を用意しておく。
・気温が高い場合は、試験管を冷やすために氷水で冷やしたタオルを用意しておく。

3年「物と重さ」で「物の大きさ(かさ)のことを体積という」ことを学習しているが、算数では5年の学習内容なので、体積の概念について再度おさえておくとよい。

【別の事象提示】※第1時
○丸底フラスコを湯で温めて栓を飛ばす

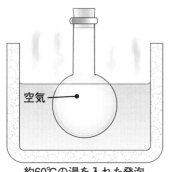

約60℃の湯を入れた発泡ポリスチレンの容器

・丸底フラスコは直前まで冷凍庫で冷やしておき、冷凍庫から出すときに栓をして湯で温めるとよい。
・栓は、ジャガイモ、発泡ポリエチレンなどがよい。
・児童の安全のため、人や電灯、ガラスがある方向に栓が飛ばないように気をつける。

【根拠のある予想をもたせるためのポイント】※第2時
・事象を観察させるときに、「中に入っている空気の体積」と「温度」に焦点を絞ることが大切である。
・温まった空気は上方向にのみ膨らむと思っている児童が多いので、膨らむ方向についての視点をもたせるとよい。

4年の既習単元「空気と水の性質」で、空気や水をおしたときの、体積の変化について想起させる。

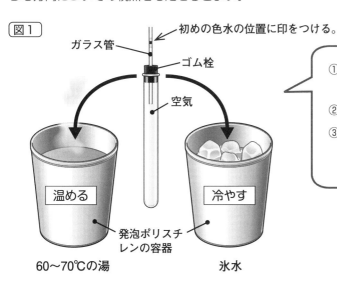

図1

初めの色水の位置に印をつける。
ガラス管
ゴム栓
空気
温める　冷やす
発泡ポリスチレンの容器
60〜70℃の湯　氷水

① ゴム栓に差し込んだガラス管の先に、色水をつける。
② ①を試験管に差し込む。
③ 試験管を温めたり冷やしたりして、ガラス管の色水の位置をそれぞれ記録する。

第2章●今の授業にプラスα

4年

時	過程	学習活動	◇支援 ★評価 ▲留意点・工夫
	結果	○結果を記録する。 考え方=比較 ・試験管の空気を温めると、水面は上に動いた。 ・試験管の空気を冷やすと、水面は下に動いた。	
	考察 結論	○考察をする。 ○結論を導き出す。 考え方=関係付け 空気は温められると体積が大きくなる。 空気は冷やされると体積が小さくなる。	★思考・判断・表現（イ）
4・5		事象提示 / 問題発見・把握 / 予想・仮説 / 観察・実験計画立案 / 観察・実験 / 結果 / 考察 / 結論 / 活用	
	問題発見・把握	○問題を設定する。 水は、温められたり冷やされたりすると、体積がどのように変わるのだろうか。	
	予想・仮説	○予想・仮説を立てる。 ・空気と同じで、温めると体積が大きくなり冷やすと体積が小さくなると思う。 ・水は温めても冷やしても体積は変わらないと思う。温めて体積が増えるのであれば、鍋や風呂の湯があふれてしまう。	◇空気の実験結果を根拠にして、予想できるようにする。 ★思考・判断・表現（ア）
	実験計画の立案	○実験計画を立てる。 ・ゴム栓のついたガラス管を、水を満たした試験管に差し込む。 ・試験管を湯につけて温める。 ・試験管を氷水につけて冷やす。	▲空気と同じ実験器具を使用する。
	実験 結果	○実験をする。 ○結果を記録する。 考え方=比較 ・試験管の水を温めると、水面は上に動いた。 ・試験管の水を冷やすと、水面は下に動いた。	★知識・技能（イ）
	考察	○考察をする。	

授業のポイント・板書例・プリントなど

【根拠のある予想をもたせるポイント】※第4・5時
○4年「空気と水の性質」の単元を想起させる。
　「水はおし縮められない」ことを学んでいる。予想として「水はおし縮められないから、温めたり冷やしたりしても体積は変わらない」という予想が出る可能性がある。体積が変化する結果に驚くことになるので、「予想と違っていて、面白い」と子どもたちがプラスに捉えられるようにする。

【実験のポイント】※第4・5時
・第3時の空気の実験と同じ実験器具を使用する。
・ゴム栓をつけたガラス管を、色水で満たした試験管に差し込む。
・ガラス管の初めの水面位置に印をつける。
・空気よりも体積変化に時間がかかるので、時間配分に注意する。

【空気と水の体積変化の比較】※第3～5時
・空気と水の体積変化の様子の違いに気づかせるために、空気と水の実験を同時に行うことも有効である。

　　空気の試験管…印のところに色水をためる。
　　水の試験管……印のところまで色水を満たしておく。

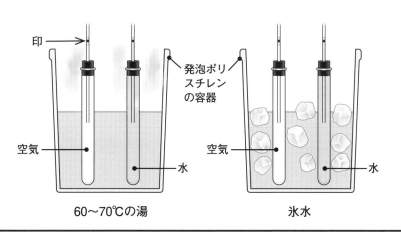

時	過程	学習活動	◇支援 ★評価 ▲留意点・工夫
	結論	○結論を導き出す。 考え方 ＝関係付け	★思考・判断・表現（ウ）
		水は温められると体積が大きくなる。 水は冷やされると体積が小さくなる。 水の体積の変わり方は、空気に比べて小さい。	
6・7		事象提示　問題発見・把握　予想・仮説　観察・実験計画立案　観察・実験　結果　考察　結論　活用	
	問題発見・把握	○問題を設定する。	
		金属は、温められたり冷やされたりすると、体積がどのように変わるのだろうか。	
	予想・仮説	○予想・仮説を立てる。 ・空気も水も温めると体積が大きくなり、冷やすと体積が小さくなるから、金属も同じだと思う。 ・金属は硬いし、温度で体積が変わるといろいろな物の大きさが変わって大変だから、変わらないと思う。	◇空気と水の実験結果を根拠にして、予想できるようにする。 ★思考・判断・表現（ア）
	実験計画の立案	○実験計画を立てる。 ・金属球膨張試験器の使い方や、実験の注意点などをおさえる。	◇金属球膨張試験器と、実験用ガスこんろ（もしくはアルコールランプ）の使い方を指導する。
	実験 結果	○実験をする。 ○結果を記録する。 考え方 ＝比較 ・最初は金属球が輪を通り抜けた。 ・熱すると金属球は輪を通り抜けなかった。 ・冷やすと金属球は輪を通り抜けた。	★知識・技能（ウ）
	考察 結論	○考察をする。 ○結論を導き出す。 考え方 ＝関係付け	★思考・判断・表現（エ） ★知識・技能（エ）
		金属は温められると体積が大きくなる。 金属は冷やされると体積が小さくなる。 金属の体積の変わり方は、空気や水に比べてとても小さい。	

授業のポイント・板書例・プリントなど

【根拠のある予想をもたせるポイント】※第6・7時
・これまでの実験（空気と水）の結果を根拠にして予想させる。
・身の回りにある金属でできている物を思い浮かべて予想させる。
・「体積は変化しない」と考える児童と「体積は変化する」という児童に分かれても、「みんなで確かめて、はっきりさせよう」と声かけするとよい。

【金属球膨張試験器の使い方についての指導】※第6・7時
　金属球膨張試験器は、熱しても見た目は変化しない。熱した際に触るとやけどをするので、絶対に触れないように指導する。最初は教師が熱してみて、濡れ雑巾の上に置きジューッと音が出る様子を見せて、とても熱くなっているから危険だということを、児童に理解させる。

【金属球膨張試験器の種類について】※第6・7時

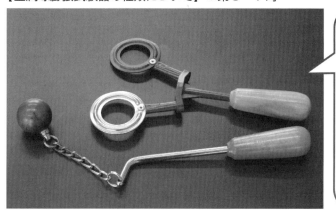

金属球膨張試験器には、写真のような輪が2つのタイプがある。輪が2つある試験器では、輪が1つの試験器のように金属球を熱するのではなく、片方の輪を熱することで金属の膨張を調べることができる。
　学校にある金属球膨張試験器がどちらのタイプか、事前に確認をしておくようにしたい。

【実験のポイント】※第6・7時
○実験前に児童に確認しておくこと
①金属球膨張試験器について
　最初に輪に金属球が通ることを確認し、熱して輪を通らなくなったらどういうことなのか、冷やして再び輪を通ったらどういうことなのかを事前におさえておくと、後の考察や結論の際に児童の思考の助けになる。
②加熱器具について
　実験用ガスこんろかアルコールランプを使用する。これらの器具を児童が初めて使う場合は、時間を取って使い方の練習をしてから実験に臨むとよい。

今の授業にプラスα(アルファ!) 5年

【生命】植物の発芽、成長、結実（植物の発芽）

【地球】流れる水の働きと土地の変化

【粒子】物の溶け方

【エネルギー】電流がつくる磁力（電磁石の性質）

5年生で育みたい問題解決の力

　5年生で育みたい「問題解決の力」は、**「主に予想や仮説などをもとに、解決の方法を発想する力」**となっています。つまり、5年生では問題を解決するために実験計画を立案する力が求められています。

　実験計画を立案することは、現行の学習指導要領でも問題解決の過程の中で重視されています。しかし、子どもたちが作った問題を受けて予想・仮説を設定し、自分の予想・仮説を証明するための実験計画を子どもたち自身で立案することの難しさを感じている先生も多いのではないでしょうか。そこで、必要になるのが教師の支援です。

　例えば、5年の「物の溶け方」の学習で、子どもたちが「溶けて見えなくなった食塩は、すべて水の中にあるのだろうか」という問題を作り、「食塩は見えなくなったが、容器を持った感じが水だけのときより重いので、食塩は水の中にあると思います」または「溶かした後の液の量が、溶かす前の水の量と比べて少ししか変化がないので、食塩はなくなっていると思います」のように予想したとします。この後に実験計画を立案するのですが、いきなり子どもたちに「問題を解決するための実験を考えてみよう」とか「自分の予想や仮説を証明するための実験計画を考えよう」と言っても考えられる子どもは少ないでしょう。一部の子どもが、「食塩水を蒸発させて出てきた食塩の重さを量る」とか「水と溶かす前の食塩の重さを量り、食塩水の重さと比べる」などの方法を考え、さらに「実験器具は、食塩、ビーカー、蒸発皿、カセットこんろ、三脚、セラミック付き金網、電子上皿ばかりが必要になります」と言える場合もありますが、考えつかない子どももたくさんいます。そこで、理科室を見て回り、どのような実験器具があるのか教師が解説したり、ヒントカード（実験に必要な実験器具だけでなく、必要のない実験器具のカードも用意しましょう）を提示したりして支援し、どの子どもも自分の力で実験計画が立てられるようにしていくことが大切です。

　この本は、5年生の子どもたちがしっかりと「予想や仮説などを基に、解決の方法を発想できる」ように指導展開をくふうしました。参考にしてほしいと思います。

植物の発芽、成長、結実
（植物の発芽）

※教科書によっては「成長」も同じ単元になっている場合がありますが、本書では「発芽」のみ取り上げています。

1. 単元の目標

　植物の育ち方について発芽の様子に着目し、水や空気などの条件を制御しながら調べる活動を通して理科の見方や考え方を働かせながら適切な実験や観察の計画を立てる能力を育てる。また、植物の発芽の条件について主体的に探究しようとしたり、問題解決しようとしたりする態度を養う。

2. 単元の観点別評価規準

知識・技能
- （ア）植物の発芽について、条件を制御して実験を行い、その過程や結果を記録することができる。
- （イ）植物の発芽には、水、空気および適当な温度が関係していることを理解している。
- （ウ）種子に含まれている養分を、ヨウ素液を適切に使って調べることができる。
- （エ）植物は、種子の中の養分をもとにして発芽することを理解している。

思考・判断・表現
- （ア）植物の発芽について予想や仮説をもち、条件に着目して観察や実験を計画し、表現している。
- （イ）予想した発芽の条件と実験結果を関係付けて考察し、表現している。
- （ウ）種子は肥料がなくても発芽することから、種子の中には発芽に必要な養分が含まれていると予想をもち、表現している。

主体的に学習に取り組む態度
- （ア）種子の発芽の条件について、主体的に実験計画を立てて調べようとしている。
- （イ）植物が発芽するための養分について、主体的に実験をして調べようとしている。

3. 単元で働かせる見方・考え方

見方	多様性と共通性	種子のさまざまな色や形に関する多様性の見方。 種子が発芽する条件に関する共通性の見方。
考え方	条件制御	発芽する条件を調べるときに、条件を制御する考え方。
	関係付け	種子の発芽とその条件（水・空気・温度）を関係付ける考え方。

4. 関連する内容

学年	単元	内容
3年	身の回りの生物	身の回りの生物と環境とのかかわり、 昆虫の成長と体のつくり、植物の成長と体のつくり
4年	季節と生物	動物の活動と季節、植物の成長と季節
5年	**植物の発芽、成長、結実**	**種子の中の養分、発芽の条件、成長の条件、 植物の受粉・結実**
	動物の誕生	卵の中の成長、母体内の成長
6年		
中学校	生物の観察と分類の仕方 生物と細胞 生物の成長と殖え方 　　　　　　　　　　など	生物の観察、生物の特徴と分類の仕方 生物と細胞 細胞分裂と生物の成長、生物の殖え方 　　　　　　　　　　など

5. 準備・下調べなど

- 発芽していないインゲンマメの種子
- 発芽しているインゲンマメの種子
- 成長し、子葉がしぼんだ状態のインゲンマメ（第8・9時で使用）
- 脱脂綿
- プラスチックのカップ（第3時で種子を水の中に入れる実験をするので、プリンカップなど深さのあるものがよい）
- 冷蔵庫
- ダンボール箱（日光を遮る覆いになるもの）
- ヨウ素液
- スポイト
- 種子を切るためのはさみ（カッターナイフ）
- シャーレ

6. 指導計画（9時間）

時	過程	学習活動	◇支援 ★評価 ▲留意点・工夫
1	事象提示 / 問題発見・把握	○発芽しているインゲンマメの種子と発芽していないインゲンマメの種子を見て、疑問から問題を設定する。[図1] ・芽が出ているものと出ていないものがある。 ・どうして芽が出ているのだろうか。 　インゲンマメの種子が発芽するには何が必要なのだろうか。	▲「種子」「発芽」の言葉の意味をおさえる。 見方＝多様性と共通性
	予想・仮説	○予想・仮説を立てる。 ・水、空気、適当な温度、土および肥料、日光。 ・水を与えなかったら枯れたから、水。 ・冬に枯れる植物が多いから、適当な温度。	▲今までに植物を育てた経験や、4年「季節と生物」の冬の植物の様子を想起させ、温度と植物の関係にも着目させる。
	問題発見・把握	○問題を設定する。 　種子が発芽するためには、水が必要だろうか。	▲生活経験上、児童から出やすい「水」に焦点を当て問題を設定する。
	実験計画の立案	○実験計画を立てる。[図2] ・Aには水を与え、Bには水を与えない。 ・水以外の条件は同じにする。	▲条件制御を意識させ、変える（調べる）条件が水だけになるようにする。考え方＝条件制御 ★思考・判断・表現（ア） ★主体的に学習に取り組む態度（ア）
	実験	○実験をする。[図3]	
2	結果	○結果を発表する。 ・Aは発芽したが、Bは発芽しなかった。	★知識・技能（ア）
	考察／結論	○考察し、結論を導き出す。 　種子の発芽には、水が必要である。 ○結論をもとに第1時の予想・仮説を振り返る。 ・土、肥料、日光がなくても発芽したことから、土、肥料、日光は必要ないことがわかったが、空気と温度が必要かどうかは調べてみる必要がある。	考え方＝関係付け ★思考・判断・表現（イ）

学習活動欄見出し: 事象提示 / 問題発見・把握 / 予想・仮説 / 観察・実験計画立案 / 観察・実験 / 結果 / 考察 / 結論 / 活用

| 授業のポイント・板書例・プリントなど | その他 |

【学習の展開・流れについて】
　植物の発芽の学習では、第1時の〔　　〕をこの単元全体を通して追究する問題として設定している。〔　　〕を受けて、「水が必要か」「空気は必要か」……と細かく問題を設定し、それぞれに実験をして結論まで導き出すことを繰り返す流れとなっている。

図1　インゲンマメの種子　　発芽前　　発芽後

【使用するもの】※第1・2時
発芽前と発芽後のインゲンマメの種子、脱脂綿、
プラスチックのカップ

【条件制御について】※第1時
　5年では、条件制御について時間をかけておさえるようにしたい。
　変える条件が2つ以上になってしまうと、どちらの条件が要因となったのかわからなくなることを確認し、変える（調べる）条件は1つにすることをおさえるようにする。

【実験計画での留意点】※第1時
　もしも、脱脂綿ではなく土を使いたいという児童がいた場合は、土には水分や養分が含まれていることを話し、条件をそろえる必要のある実験には適さないことをおさえるようにする。

図2　条件制御を意識させるために提示する表　※第1時

	水	土および肥料	日光	空気	温度
A	あり	なし	なし	あり	約20℃
B	なし	なし	なし	あり	約20℃

図3　実験：発芽に水は必要か　※第2時

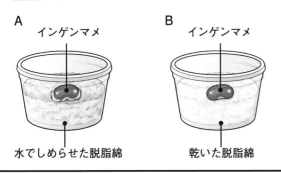

A　インゲンマメ　　水でしめらせた脱脂綿
B　インゲンマメ　　乾いた脱脂綿

発芽した種子は、第8・9時で使用するため、そのまま育てる。

時	過程	学習活動	◇支援 ★評価 ▲留意点・工夫
3		事象提示 / 問題発見・把握 / 予想・仮説 / 観察・実験計画立案 / 観察・実験 / 結果 / 考察 / 結論 / 活用	
	問題発見・把握	○第２時の振り返りから問題を設定する。 問題①　種子が発芽するためには、空気が必要だろうか。 問題②　種子が発芽するためには、適当な温度が必要だろうか。	▲空気と適当な温度が必要かを調べる実験を同時進行で行うために、２つの問題を設定する。
	予想・仮説 実験計画の立案	○予想・仮説を立てる。 ○問題①、問題②の実験計画を立てる。どのような実験用具を用意すれば、問題を解決することができるのかを話し合う。 ①種子を空気に触れさせないために、片方は水の中に入れればよいのではないか。 ②寒い季節と同じ状態になるように、温度が低い冷蔵庫に置けばよいのではないか。 ○条件を制御する。［図４］ 　考え方 ＝条件制御	★思考・判断・表現（ア） ◇種子を水の中に入れることで、空気に触れられなくなることを伝える。 ▲Dは種子を水の中に入れて空気に触れないようにする。Eはダンボール箱等を被せ、Fと明るさの条件をそろえる。
	実験	○実験をする。	
4・5	結果	○結果を発表する。 ・①Cは発芽した。Dは発芽しなかった。 ・②Eは発芽した。Fは発芽しなかった。	★知識・技能（ア）
	考察	○考察をする。 ・予想と同じで、Cは発芽した。発芽には空気が必要だと考えられる。 ・予想と同じでEは発芽した。発芽には適当な温度が必要だと考えられる。	考え方 ＝関係付け ★思考・判断・表現（イ）
	結論	○結論を導き出す。 種子の発芽には、空気と適当な温度が必要である。種子の発芽に必要な条件は、水、空気、適当な温度である。	見方 ＝多様性と共通性 ★知識・技能（イ）

授業のポイント・板書例・プリントなど	その他

【新たに使用するもの】※第3時

発芽前のインゲンマメの種子、脱脂綿、プラスチックのカップ、
冷蔵庫、ダンボール箱等

図4 条件制御を意識させるために提示する表　※第3時

実験①：発芽には空気が必要か　　実験②：発芽には適当な温度が必要か

	水	空気	温度
C	あり	あり	約20℃
D	あり	なし	約20℃

	水	空気	温度
E	あり	あり	約20℃
F	あり	あり	約5℃（冷蔵庫）

※冷蔵庫内と明るさの条件をそろえるため、Eにダンボール箱等を被せる。

【実験計画での留意点】※第3時

・空気に触れさせないことを意識すると「種子をラップでくるむ」といった意見が出る場合がある。その際は「水にも触れられなくなるのではないか」という視点をもたせるようにする。

・低温を意識すると冷凍庫という意見が出る場合がある。冷凍庫だと種子が凍ってしまうことを伝え、冷蔵庫でも十分に低温条件下にできることを助言する。

【板書例】※第3時

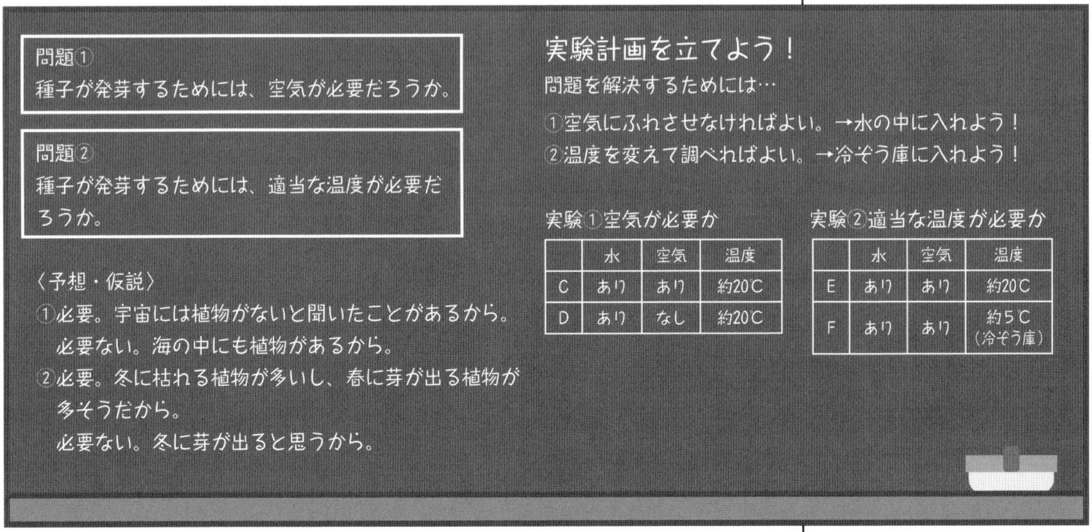

問題①
種子が発芽するためには、空気が必要だろうか。

問題②
種子が発芽するためには、適当な温度が必要だろうか。

〈予想・仮説〉
①必要。宇宙には植物がないと聞いたことがあるから。
　必要ない。海の中にも植物があるから。
②必要。冬に枯れる植物が多いし、春に芽が出る植物が多そうだから。
　必要ない。冬に芽が出ると思うから。

実験計画を立てよう！
問題を解決するためには…
①空気にふれさせなければよい。→水の中に入れよう！
②温度を変えて調べればよい。→冷そう庫に入れよう！

実験①空気が必要か

	水	空気	温度
C	あり	あり	約20℃
D	あり	なし	約20℃

実験②適当な温度が必要か

	水	空気	温度
E	あり	あり	約20℃
F	あり	あり	約5℃（冷そう庫）

第2章●今の授業にプラスα

5年

時	過程	学習活動	◇支援 ★評価 ▲留意点・工夫
6・7		事象提示 / 問題発見・把握 / 予想・仮説 / 観察・実験計画立案 / 観察・実験 / 結果 / 考察 / 結論 / 活用	
	問題発見・把握	○肥料（養分）を与えなくても種子が発芽したことを振り返る。 ○種子のつくりを調べる。 ・子葉、葉・茎・根になる部分 ○問題を設定する。 　種子の中には、発芽するための養分が含まれているのだろうか。	◇ヨウ素液を使って養分の有無を調べられることを伝える。
	予想・仮説	○予想・仮説を立てる。 ・肥料を与えなくても発芽したので、種子には養分が含まれている。	★思考・判断・表現（ウ）
	実験計画の立案	○実験計画を立てる。	★思考・判断・表現（ア）
	実験	○実験をする。	★知識・技能（ウ）
	結果/考察	○結果をもとに考察をする。 ・インゲンマメの種子の中に養分はあった。しかし、発芽するための養分かどうかはわからない。	◇でんぷんが含まれているところは子葉であることを伝える。 ★思考・判断・表現（イ）
8・9	実験計画の立案	○前時の学習を振り返り、実験計画を立てる。 ・成長したインゲンマメの子葉に養分があるかを調べ、養分が少なければ、発芽のために使われたと考えられる。	◇成長したインゲンマメを提示する。 図5
	実験	○成長したインゲンマメの子葉にヨウ素液をかける実験をする。	★主体的に学習に取り組む態度（イ） ★知識・技能（ウ）
	結果/考察	○結果をもとに考察をする。 ・成長したインゲンマメの子葉には、ヨウ素でんぷん反応はあまり見られなかった。	
	結論	○結論を導き出す。 　種子の中には発芽するための養分が含まれている。	★知識・技能（エ）

授業のポイント・板書例・プリントなど	その他

【新たに使用するもの】※第6・7時
発芽前のインゲンマメの種子（1日水にひたしておいたもの）、はさみ（カッターナイフ）、シャーレ、スポイト、ヨウ素液

【結論について】※第6・7時
　結果を発表した後に、「養分があることはわかったけれど、それが発芽に使われたかはわからない」と声かけをすることで、次時の実験計画へとつなげる。この段階では、結論をまとめないようにする。

【新たに使用するもの】※第8・9時
子葉がしぼんだ状態のインゲンマメ（前時までに育てておいたもの）

図5　子葉がしぼんだ状態のインゲンマメ

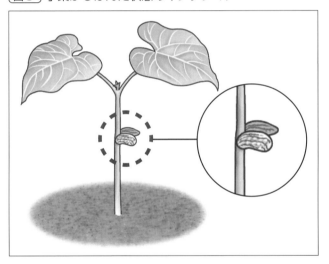

【子葉がしぼんだインゲンマメを見せたときの、児童の気づきや反応】
・子葉に養分があるのかな。
・子葉がしぼんでいるから、中の養分が発芽に使われたのではないか。

【補足】実験しても解決できない予想・仮説に対する答えを用意する
　第3時で「海の中にも植物があるから、発芽に空気は必要ないと思う」という予想・仮説が出ることが考えられる。含まれる空気（酸素）が地上よりも少ない水中での環境に適応した植物も存在することを伝えた上で、今回の実験で扱う植物は、そのような環境には適応していないことをおさえるとよい。

流れる水の働きと土地の変化

5年

1. 単元の目標

　流れる水の働きと土地の変化について水の速さや量に着目し、条件を制御しながら調べる活動を通して理科の見方や考え方を働かせながら適切な実験や観察の計画を立てる能力を育てる。また、流れる水の働きと土地の変化について主体的に探究しようとしたり、問題解決しようとしたりする態度を養う。

　生活との関連では、流れる水の働きによる土地の変化と災害とを関係付けて、防災意識を高めるようにする。

2. 単元の観点別評価規準

知識・技能

（ア）土の削られ方や石や土などの運ばれ方を調べる方法をくふうし、計画的に実験ができる。
（イ）流れる水には、地面を削る働きがあることを理解している。
（ウ）流れる水の働きと土地の変化との関係について調べ、その過程や結果を記録することができる。
（エ）川の上流と下流の特徴を捉え、流れる水の働きの大きさによって、まわりの土地の様子が違うことを理解している。
（オ）川の上流と下流の石の大きさや形の違いについて調べ、その過程や結果を記録することができる。

思考・判断・表現

（ア）流れる水の働きについて、自分の予想を確かめる適切な実験方法を考え、表現している。
（イ）川の上流と下流の石の大きさや形と、流れる水の働きとを関係付けて考察し、自分の考えを表現している。

主体的に学習に取り組む態度

（ア）流れる水の働きと土地の変化との関係に着目し、主体的に問題を見いだそうとしている。
（イ）川の上流と下流の石の違いに着目し、流れる水の働きと土地の変化との関係について主体的に実験計画を立てようとしている。

3. 単元で働かせる見方・考え方

見方	時間的・空間的	流れる水と土地の変化に関する時間的・空間的な見方。
考え方	比較	川の上流と下流の石の大きさや形を比較する考え方。
	関係付け	大雨の際に川の水が濁っていることと、流水の侵食、運搬等の働きを関係付ける考え方。

4. 関連する内容

学年	単元	内容
3年		
4年	雨水の行方と地面の様子	地面の傾きによる水の流れ、土の粒の大きさと水のしみ込み方
5年	**流れる水の働きと土地の変化**	**流れる水の働き、川の上流・下流と川原の石、雨の降り方と増水**
6年	土地のつくりと変化	土地の構成物と地層の広がり、地層のでき方と化石、火山の噴火や地震による土地の変化
中学校	身近な地形や地層、岩石の観察 地層の重なりと過去の様子 火山と地震 自然の恵みと火山災害・地震災害　など	身近な地形や地層、岩石の観察 地層の重なりと過去の様子 火山活動と火成岩、地震の伝わり方と地球内部の働き 自然の恵みと火山災害・地震災害 　　　　　　　　　　　　　　　　　　　　　　など

5. 準備・下調べなど

- バーベキュー広場マップ（川を中心とした絵地図）
- 流水実験器（事象提示用、児童用）　　● つまようじ　　● 発泡スチロール
- 川の上流の石と下流の石の写真
- 小石（角ばっているものが好ましい）
- 缶（小石を入れて、振ることができる大きさのもの）
- 大雨等で濁っている川の写真

6. 指導計画（10時間）

時	過程	学習活動	◇支援 ★評価 ▲留意点・工夫
1	事象提示	○「バーベキュー広場マップ」を配り、バーベキュー広場やバンガローをつくる場所を話し合う。 プリント1	▲災害に着目している児童の意見を取り上げる。
	問題発見・把握	○単元を通して追究する問題を設定する。 ┌ ─ ─ ─ ─ ─ ─ ─ ─ ─ ─ ─ ─ ─ ┐ │ 安全なバーベキュー広場をつくるには、│ │ 何がわかればよいだろうか。 │ └ ─ ─ ─ ─ ─ ─ ─ ─ ─ ─ ─ ─ ─ ┘	★主体的に学習に取り組む態度（ア）
	予想・仮説	○予想・仮説を立てる。 ・水の流れ方の特徴がわかればよい。 ・流される物がどこにたまるかわかればよい。	
2・3		事象提示｜問題発見・把握｜予想・仮説｜観察・実験計画立案｜観察・実験｜結果｜考察｜結論｜活用	
	事象提示	○流水実験器に水を流し、気づきや疑問から問題を設定する。 写真1 ・土が削られていた。 ・水と一緒に土や小石も流れていた。 ・上流は流れが速くて、下流はゆっくりになった。	見 方 ＝時間的・空間的
	問題発見・把握	○問題を設定する。 ┌─────────────────────┐ │流れる水は、土のどのようなところを削│ │るのだろうか。 │ └─────────────────────┘	▲児童が関心をもちやすい侵食に焦点を当てて問題を設定する。
	予想・仮説	○予想・仮説を立てる。 ・カーブの外側。　・カーブの内側。	
	実験計画の立案	○実験計画を立てる。 写真2 ・カーブの両側につまようじを刺し、土が削られたら倒れるようにすればよい。	◇「削られたことがわかるようにするにはどうしたらよいか」と助言することで、「つまようじ等を刺す」という意見が出る。
	実験 結果/考察 結論	○実験をする。 ○結果を発表し、考察をする。 ○結論を導き出す。 ┌─────────────────────┐ │流れる水には、カーブの外側を削る働き│ │がある。 │ └─────────────────────┘	★知識・技能（ア） ★知識・技能（イ）

| 授業のポイント・板書例・プリントなど | その他 |

【使用するもの】※第1時
バーベキュー広場マップ

【バーベキュー広場マップについて】※第1時
　学習意欲を高めるために、単元の最初と最後にバンガローとバーベキュー広場を描き込む活動をする。
　川のカーブの外側を少し高い丘にしておくと、「見晴らしがよいから」や「安全だから」という理由で、この場所にバンガローやバーベキュー広場を描き込む児童が多くなる。
　単元を通して、どのようなバーベキュー広場にすれば安全なのかを追究するようにする。

プリント1　バーベキュー広場マップ

【使用するもの】※第2・3時
流水実験器（事象提示用と児童用）、つまようじ

【流水実験器について】※第2・3時
　上流はカーブのある水の通り道を作り、下流は直線にして侵食・運搬・堆積がわかりやすいようにする。土は校庭からとったものを使用する。事前に土を湿らせて、水がスムーズに流れるようにしておく。

写真1　事象提示用の流水実験器　　写真2　児童用の流水実験器

下の白っぽい部分は、紙粘土を固めて傾斜を作っている。
水の通り道のカーブの内側と外側に、つまようじを刺す。

時	過程	学習活動	◇支援 ★評価 ▲留意点・工夫

時	過程	学習活動	◇支援 ★評価 ▲留意点・工夫
4・5		事象提示 / 問題発見・把握 / 予想・仮説 / 観察・実験計画立案 / 観察・実験 / 結果 / 考察 / 結論 / 活用	
	問題発見・把握	○第2・3時を振り返り、問題を設定する。 土や小石は、水によってどのように流されているのだろうか。	▲「土や小石がたまる場所の特徴は何だろうか」等、幅広い言葉で問題を設定することができる。
	予想・仮説	○予想・仮説を立てる。 ・削られて流される。下流の石は丸いから。 ・最後は下流にたまる。	
	実験計画の立案	○実験計画を立てる。 ・水と一緒に、発泡スチロールのような軽いものを流せばよい。 ・土がたまった場所を観察すればよい。	★思考・判断・表現（ア）
	実験 結果/考察 結論	○実験をする。写真3 写真4 ○結果を発表し、考察をする。 ○結論を導き出す。 土や小石は流れる水の働きによって、下流に流されてたまる。またカーブの内側にもたまる。	▲事象提示用流水実験器でも行う。 ★知識・技能（ウ） ▲「侵食」・「運搬」・「堆積」という言葉をおさえる。
6・7	問題発見・把握	○第2・3時を振り返り、問題を設定する。 水の流れる速さによって、流れる水の働きは変わるのだろうか。	
	予想・仮説 実験計画の立案	○予想・仮説を立てる。 ○実験計画を立てる。 ・流す水の量を増やす。 ・上流と下流とで、傾きを変える。	▲「水量を増やす」実験をするグループと「傾斜角度を変える」実験をするグループに分ける。 ★知識・技能（ウ）
	実験 結果/考察 結論	○実験をする。 ○結果を発表し、考察をする。 ○結論を導き出す。 水の流れが速くなると、地面を侵食したり運搬したりする働きが大きくなる。	★知識・技能（エ）

授業のポイント・板書例・プリントなど

【使用するもの】※第4・5時
流水実験器(児童用、事象提示用)、発泡スチロール

【実験計画での留意点】※第4・5時
　水と一緒に流すものは、視覚的にわかりやすく、軽くて流れやすいかどうか、ということに着目させたい。そうすることで、発泡スチロール以外にも、「消しゴムのかす」、「チョークの粉」等、児童はさまざまなアイディアを出すことができる。
　また、実験計画を立てるときは、個人で考えた後に、グループで話し合いをさせ、多面的な視点をもたせるようにしたい。

写真3

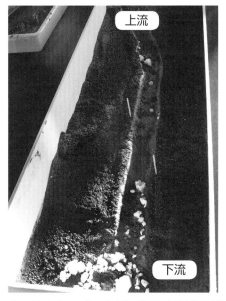

写真4

↑下流やカーブの内側に堆積する様子が視覚的にわかるようにする。

【使用するもの】※第6・7時
流水実験器(上流側の流水実験器の下にタオルなどを入れて底上げし、傾斜角度を変えるようにする。)

【実験計画の留意点】※第6・7時
　児童の実態や理科室にある流水実験器の数に応じて、「水量を増やす」実験と、「傾斜角度を変える」実験を2つとも取り上げられるとよい。その際、「水量が増えると流れが速くなる」という川の増水による災害の視点をもたせるようにする。

時	過程	学習活動	◇支援 ★評価 ▲留意点・工夫
8	事象提示	○川の上流の石と下流の石の写真を提示する。	
	問題発見・把握	○問題を設定する。	考え方＝比較
		上流と下流で石の大きさや形が違うのはどうしてだろうか。	
	予想・仮説実験計画の立案	○予想・仮説を立てる。 ○実験計画を立てる。 ・缶の中に石と水を入れ、振ればよい。 ・石の大きさの変化がわかるように、長さを測っておくとよい。	▲「大きな石は流されず、小さな石だけが流された」という予想・仮説が出た場合は、石の大きさだけではなく、形にも着目させる。 ★主体的に学習に取り組む態度（イ） ★知識・技能（オ）
	実験結果/考察結論	○実験をする。 写真5 写真6 ○結果を発表し、考察をする。 ○結論を導き出す。	考え方＝比較 ★思考・判断・表現（イ）
		石は、流れる水の働きによって運搬され、その途中で割れたり削られたりして、小さく、角が丸くなっていく。	
9	活用	○大雨の際に川の水が濁っている写真を提示し、流水の侵食・運搬との関係を考える。 ・川が濁っている。上流から削られた土砂が運ばれてきたのだろうか。 ・流されたものは、どこにたまるのだろうか。 ○川の増水による災害や、洪水などを防ぐくふうについて調べたり話し合ったりして、防災意識を高めるようにする。	考え方＝関係付け ★主体的に学習に取り組む態度（ア）
10	活用	○第1時に設定した問題を確認する。 ○学んだことを使って、安全な場所にバーベキュー広場を描き込む。	▲「バーベキュー広場マップ」の、上流と下流に石を描き込ませると、第8時の理解ができているかどうかを確認できる。

授業のポイント・板書例・プリントなど	その他

【使用するもの】※第8時
川の上流の石と下流の石の写真、缶、小石(角ばっているもの)

【実験計画の留意点】※第8時
　実験計画を立てることが難しい児童には、川の上流から下流へと運ばれる石の様子を考えさせる。「石の様子を実験で再現するには何を使えばよいだろう」と投げかけ、理科室内で実験に使えそうな物を見つけるよう促すとよい。
　また、石の大きさが、見た目だけではなくどのように変わったかを調べるためにどうしたらよいかを考えさせるようにする。石の長さを測って色をつけておく、数か所の長さを測っておいて実験前後で比較する等の計画が立てられる。

写真5
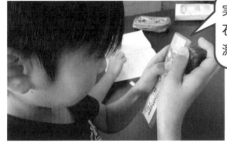
実験前後で石の長さを測る。

写真6

安全に気をつけて、石と水が入った缶を振るようにする。

【活動イメージ】※第9時
○既習事項を生かし、大雨のときの川の変化から地域への影響を考える。
　　川の水量が増えると…
　　　・流れが速くなる。
　　　・上流の岩や木が流されて、下流の周辺地域にたまる。
　　　・洪水が起き、家や畑などに被害が出る。
○川の増水による災害を防ぐためのくふうを話し合う。
　　　・大雨警報が出たら、川の近くに行かない。
　　　・川が氾濫しそうであれば、高い所に逃げる。
　　　・川のカーブの外側に堤防を作る。

自分ができることや、テレビで見たことがあるくふう等、多くの意見を認め、防災への意識を高める。

【使用するもの】※第10時
バーベキュー広場マップ　→　プリント1　※P.97

物の溶け方

1. 単元の目標

物の溶け方について水に溶ける量や様子に着目し、水の温度や量の条件を制御しながら調べる活動を通して理科の見方や考え方を働かせながら適切な実験や観察の計画を立てる能力を育てる。また、物の溶け方について主体的に探究しようとしたり、問題解決しようとしたりする態度を養う。

2. 単元の観点別評価規準

知識・技能

（ア）物の溶け方の違いを調べるくふうをし、実験器具を適切に操作し、安全で計画的に実験をすることができる。
（イ）物が水に溶ける量には限度があることを理解している。
（ウ）物の溶け方の規則性を調べ、その過程や結果を定量的に記録できる。
（エ）物が水に溶けても、物の重さは変わらないことを理解している。
（オ）物が水に溶ける量は、水の温度や量、溶ける物によって違うことや、この性質を利用して、溶けている物を取り出すことができることを理解している。

思考・判断・表現

（ア）物の溶け方について予想や仮説をもち、条件を制御して実験を計画し、表現している。
（イ）物が水に溶ける量と水の温度や水の量を関係付けて考察し、自分の考えを表現している。
（ウ）物の溶け方の規則性から、溶けている物を取り出す実験方法を計画し、表現している。

主体的に学習に取り組む態度

（ア）物が溶ける現象から物が水に溶ける量に着目し、主体的に問題を見いだそうとしている。
（イ）水の量や水の温度が変わると物の溶け方が変わることについて、主体的に実験計画を立てようとしている。

3．単元で働かせる見方・考え方

見方	量的	物が水に溶けても、水と物とを合わせた重さは変わらないという質量保存の量的な見方。
考え方	比較	物による水に溶ける量の違いを比較する考え方。
	関係付け	水の温度や水の量と、物の溶け方を関係付ける考え方。

4．関連する内容

学年	単元	内容
3年	物と重さ	形と重さ、体積と重さ
4年		
5年	物の溶け方	重さの保存、物が水に溶ける量の限度、物が水に溶ける量の変化
6年	水溶液の性質	酸性・アルカリ性・中性、気体が溶けている水溶液、金属を変化させる水溶液
中学校	水溶液 化学変化 化学変化と物質の質量 　　　　　　　　など	水溶液 化学変化、化学変化における酸化と還元、化学変化と熱 化学変化と質量の保存、質量変化の規則性 　　　　　　　　　　　　　　　　　　　　　　など

5．準備・下調べなど

- 市販のビニルチューブ
- ビーカー（200mL）
- メスシリンダー
- スポイト
- 食塩
- ミョウバン
- 薬包紙
- ろ紙
- 薬さじ
- ろうと
- ろうと台
- ガラス棒
- 安全メガネ
- 水温計
- ガスこんろ
- 蒸発皿
- るつぼばさみ
- はかり
- 湯
- 発泡ポリスチレンの容器

6. 指導計画（11時間）

時	過程	学習活動	◇支援 ★評価 ▲留意点・工夫
1	事象提示	○食塩が溶ける様子を見て、気づいたことや疑問を発表する。 ・溶けるときにモヤモヤしていた。 ・上の方では溶けなくて、下の方で溶けた。 ・食塩をたくさん入れても溶けきるのか。	◇児童の興味・関心を高めるために、市販のビニルチューブを使って事象提示を行う。写真1
2・3		事象提示 / 問題発見・把握 / 予想・仮説 / 観察・実験計画立案 / 観察・実験 / 結果 / 考察 / 結論 / 活用	
	問題発見・把握	○問題を設定する。 　食塩が水に溶ける量には限りがあるのだろうか。	★主体的に学習に取り組む態度（ア）
	予想・仮説	○予想・仮説を立てる。 ・紅茶に入れた砂糖が溶け残っていたから、食塩が水に溶ける量にも限りがある。 ・限りがない。食塩は溶けると見えなくなるからいくらでも溶ける。	★思考・判断・表現（ア）
	実験計画の立案	○実験計画を立てる。 ・水の量を決める。（50mL） ・食塩を少しずつ加えていく。（5gずつ）	▲正確なデータを出すために、3～5回同じ実験をする。 ▲使う実験器具の名称を伝える。
	実験	○実験をする。	▲安全に留意するよう促す。 ★知識・技能（ア）
	結果/考察 結論	○結果を発表し、考察をする。 ○結論を導き出す。 　食塩が水に溶ける量には限りがある。	
	問題発見・把握	○新たな気づきや疑問を発表する。 ・食塩以外のものでも水に溶ける量には限りがあるのか。 ・水の量が増えているが、溶けた食塩は水の中にあるのだろうか。重さも調べてみたい。 ・水の量や温度を変えたら、食塩はもっと溶けるのではないか。	▲実験をしていく中で児童は多くの気づきや疑問をもつ。それを問うことで、次時の問題作りをしていく。

| 授業のポイント・板書例・プリントなど | その他 |

【市販品を活用した事象提示例】※第1時

本時では、市販されている実験用ビニルチューブ※を使って事象提示をした。

理科室の実態に応じて、チューブの長さを約1mにして提示すると、溶ける様子がよく見えて、多くの気づきや疑問が出る。

※「スーパーロングぷよぷよ（実験用ビニルチューブ）」／株式会社ナリカ

写真1

【使用するもの】※第2・3時

食塩、ビーカー、ガラス棒、薬さじ、薬包紙、はかり、メスシリンダー、スポイト

【板書例】※第2・3時

問題
食塩が水にとける量には
かぎりがあるのだろうか。

〈予想・仮説〉
・かぎりがある。こう茶のさとうがとけ残っていた。
・かぎりがない。プールの薬品はとける。

〈結果〉
・とけ残った。

実験計画を立てよう！
変える条件と変えない条件
・水の量、水温は変えない。
・食塩の量は変える。5gずつ加える。

〈考察〉
・予想と同じでかぎりがあった。
・予想とちがってかぎりがあった。

〈結論〉
・食塩が水にとける量にはかぎりがある。

【実験器具の名称】※第2・3時

薬さじやガラス棒等、今後の実験でも使用していく実験器具の名称を確実におさえることで、理科の学習に対する意欲を高めることができる。教師は、必ず理科用語を使用するようにしたい。

【つながりのある授業や実験を心がけて】※第2・3時

第2・3時で実際に食塩を溶かす活動をすると、児童には「食塩を溶かしきりたい」という意欲が生じる。そこで気づきや疑問を考えさせる時間を確保することで、「水の量を増やしてみたい」や「水の温度を上げてみたい」等、この後の問題作りにつなげるようにしたい。

時	過程	学習活動	◇支援 ★評価 ▲留意点・工夫
4		事象提示 / 問題発見・把握 / 予想・仮説 / 観察・実験計画立案 / 観察・実験 / 結果 / 考察 / 結論 / 活用	
	問題発見・把握	○問題を設定する。 　食塩以外の物も、水に溶ける量には限りがあるのだろうか。	▲ミョウバンについて軽く説明をする。
	予想・仮説	○予想・仮説を立てる。 ・限りはある。食塩にも限りがあったから。	
	実験計画の立案/実験 結果/考察 /結論	○第3時の食塩の実験と同様に計画を立てて実験をし、考察をする。[ノート1] ○結果をもとに結論を導き出す。 　物が水に溶ける量には限りがある。	★知識・技能（イ）
	問題発見・把握	○第3時を振り返り、問題を設定する。 　物を水に溶かしたとき、水に溶かす前と溶かした後で物の重さは変わるのだろうか。	
5・6	予想・仮説	○予想・仮説を立てる。 ・変わらない。物は溶けてもなくならないと思うから。 ・変わる。見た目で消えたから、減っている。 ・変わる。かさが増えたから、増えている。	
	実験計画の立案 実験 結果/考察	○実験計画を立てる。 ・溶かす前後で重さの違いを調べる。 ○実験をする。 ○結果を発表し、考察をする。	▲第5・6時から食塩とミョウバンの2つを使って実験を進めていく。 ▲3～5回程度同じ実験をし、正確なデータを出す。 ★知識・技能（ウ）
	結論	○結論を導き出す。　見方＝量的 　物の重さは、水に溶かしても変わらない。	◇質量保存の法則について確実におさえる。[図1] ★知識・技能（エ）
	問題発見・把握	○新たな気づきや疑問を発表する。 ・溶けている物は見えないけれど、水の中にあるのではないか。	▲実験後に気づきや疑問を問い、次時の問題作りをする。

授業のポイント・板書例・プリントなど | その他

【使用するもの】※第4時
メスシリンダー、スポイト、ミョウバン、ビーカー、ガラス棒、薬さじ、薬包紙、はかり

【ミョウバンについて】※第4時
　本単元は、活用でミョウバンの結晶を取り出す計画なので、ミョウバンを使用していく。ミョウバンの代わりにホウ酸でも実験を進めていくことが可能である。学校の実態に応じて柔軟に対応できるとよい。

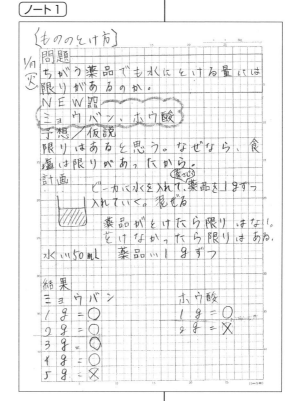

ノート1

【使用するもの】※第5・6時
食塩、ミョウバン、ビーカー、ガラス棒、薬さじ、薬包紙、はかり

【質量保存の法則について】※第5・6時
　物が水に溶けても、水と物を合わせた重さは変わらない（質量保存の法則）ことを確実におさえられるよう式で表すとよい。

図1

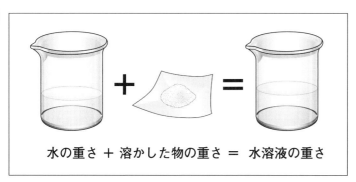

水の重さ ＋ 溶かした物の重さ ＝ 水溶液の重さ

第2章 ● 今の授業にプラスα

5年

時	過程	学習活動	◇支援 ★評価 ▲留意点・工夫
7・8	問題発見・把握	○第3時を振り返り、問題を設定する。 水の温度を上げたり水の量を増やしたりすると、物の溶ける量は変わるのだろうか。	★主体的に学習に取り組む態度（イ）
	予想・仮説 実験計画の立案	○予想・仮説を立てる。 ○実験計画を立てる。 図2 図3 ・水の温度を上げる実験。 ・水の量を増やす実験。	
	実験 結果/考察 結論	○実験をする。 ○結果を発表し、考察をする。 ○結論を導き出す。 水の温度を上げるとミョウバンは溶ける量が増えるが、食塩はあまり変わらない。水の量を増やすと物の溶ける量は増える。	★思考・判断・表現（イ） 考え方＝比較 考え方＝関係付け
9・10	事象提示 ｜ 問題発見・把握 ｜ 予想・仮説 ｜ 観察・実験計画立案 ｜ 観察・実験 ｜ 結果 ｜ 考察 ｜ 結論 ｜ 活用	
	問題発見・把握	○前時を振り返り、問題を設定する。 水に溶けて見えなくなった食塩やミョウバンは、液の中にあるのだろうか。	▲ガスこんろは安全に正しく使うよう、しっかりと指導する。
	予想・仮説 実験計画の立案	○予想・仮説を立てる。 ○実験計画を立てる。 ・蒸発させる。・冷やす。	▲「ろ液」や「ろ紙」等をおさえる。 ★思考・判断・表現（ウ） ★知識・技能（オ）
	実験 結果/考察 結論	○実験をする。 ○結果を発表し、考察をする。 ○結論を導き出す。 溶けた食塩やミョウバンは液の中にある。	▲食塩とミョウバンを使用し、冷却と蒸発の2つの実験を行うので、条件制御に留意する。
11	活用	○学習したことを活用して大きなミョウバンの結晶を取り出す。	▲第4時の実験で使用したミョウバンの水溶液を使用してもよい。

授業のポイント・板書例・プリントなど	その他

【使用するもの】※第7・8時

食塩、ミョウバン、ビーカー、ガラス棒、薬さじ、薬包紙、はかり、発泡ポリスチレンの容器、水温計、湯

【実験計画について】※第7・8時

２つの実験に取り組むので、条件制御に留意する。表を用いるとわかりやすい。

図2　水の温度を上げる実験の表　※水量50mL

	20℃	60℃
食塩	17.9 g	18.5 g
ミョウバン	5.1 g	28.5 g

図3　水の量を増やす実験の表

	水量	結果	水量	結果
食塩20 g	50mL	溶けきらない	200mL	溶けきった
ミョウバン５ g	50mL	溶けきらない	200mL	溶けきった

【使用するもの】※第9・10時

食塩、ミョウバン、ビーカー、ガラス棒、薬さじ、薬包紙、ろ紙、ろうと、ろうと台、はかり、ガスこんろ、安全メガネ、るつぼばさみ、蒸発皿

【実験について】※第9・10時

前時の実験で、水温を60℃まで上げて溶かした食塩水とミョウバン水を使用して、溶けている物を取り出す実験である。

ここでは、「①水溶液をろ過したろ液を冷却する」方法と、「②水溶液から水を蒸発させる」方法の２つの実験をする。

①の実験方法では、温度によって溶解度に差が少ない食塩はほとんど取り出すことができないが、前時の実験で20℃と60℃の溶解度の差が大きかったミョウバンは冷却すると出てくる。

②の実験方法では、蒸発させるとどちらも白い粒となって出てくる。

【ミョウバンの結晶の作り方について】※第11時

ミョウバンの結晶の作り方は、インターネット上で「ミョウバン　作り方」で検索するとたくさん出てくるので参考にするとよい。

電流がつくる磁力
（電磁石の性質）

1. 単元の目標

　電流がつくる磁力について電流の大きさや向き、コイルの巻き数に着目し、条件を制御しながら調べる活動を通して理科の見方や考え方を働かせながら適切な実験や観察の計画を立てる能力を育てる。また、電流がつくる磁力について主体的に探究しようとしたり、問題解決しようとしたりする態度を養う。

2. 単元の観点別評価規準

知識・技能
- （ア）コイルに電流を流すと、電磁石になることを理解している。
- （イ）簡易検流計（または電流計）を適切に操作し、電磁石の強さを変える要因を調べ、その過程や結果を記録することができる。
- （ウ）電磁石の強さは電流の大きさやコイルの巻き数によって変わることを理解している。
- （エ）電磁石の極の有無を調べ、その過程や結果を記録することができる。
- （オ）電流の向きが変わると電磁石の極が変わることを理解している。

思考・判断・表現
- （ア）電磁石の強さを変える要因について予想をもち、条件に着目して実験を計画し、表現している。
- （イ）電磁石の強さを、電流の大きさやコイルの巻き数と関係付けて考察し、自分の考えを表現している。
- （ウ）電磁石の極の変化と電流の向きの変化を関係付けて考察し、自分の考えを表現している。

主体的に学習に取り組む態度
- （ア）電磁石の性質について、提示された事象から主体的に問題を見いだそうとしている。
- （イ）電磁石を強くする要因について、主体的に実験計画を立てて調べようとしている。
- （ウ）電磁石の性質を多面的に捉え、学習内容を活用しようとしている。

3. 単元で働かせる見方・考え方

見方	量的	コイルの巻き数と電磁石の強弱に関する量的な見方。 電流の大きさと電磁石の強弱に関する量的な見方。
考え方	条件制御	電磁石の強さを変える要因を調べるときに、条件を制御する考え方。
	関係付け	電磁石の極の変化と電流の向きを関係付ける考え方。

4. 関連する内容

学年	単元	内容
3年	磁石の性質 電気の通り道	磁石に引きつけられる物、異極と同極 電気を通すつなぎ方、電気を通す物
4年	電流の働き	乾電池の数とつなぎ方
5年	**電流がつくる磁力**	**鉄心の磁化、極の変化、電磁石の強さ**
6年	電気の利用	発電・蓄電、電気の変換、電気の利用
中学校	電流 電流と磁界	回路と電流・電圧、電流・電圧と抵抗、 電気とそのエネルギー、静電気と電流 電流がつくる磁界、磁界中の電流が受ける力、 電磁誘導と発電

5. 準備・下調べなど

- 乾電池（残量を確認しておく）
- 強力電磁石（または強力電磁石の写真）
- 簡易検流計（正しく動作するか確認しておく）
- コイル（導線100回巻きと200回巻き）
- 鉄心（鉄くぎなど）　　●クリップ　　●永久磁石
- お金カード（厚紙、円いフェライト磁石、おはじき）
- 方位磁針
- 電池ボックス（直列つなぎ用）

6. 指導計画（11時間）

時	過程	学習活動	◇支援 ★評価 ▲留意点・工夫
1	事象提示 ｜ 問題発見・把握 ｜ 予想・仮説 ｜ 観察・実験計画立案 ｜ 観察・実験 ｜ 結果 ｜ 考察 ｜ 結論 ｜ 活用		
	事象提示	○強力電磁石を見て、気づいたことを発表する。 ・乾電池1個でもすごい力になる。 ・電気の力で磁石のようになる。 ○電磁石を作り、身の回りの金属を近づけ、わかったことをノートにまとめる。 ・電流を流すと磁石のようになる。 ・磁石と同じで、鉄を引きつけた。	▲3年「磁石の性質」の内容を想起させる。 ▲電磁石・コイルという言葉をおさえる。 ★知識・技能（ア）
2	事象提示	○前時に作成した電磁石で「お金釣りゲーム」をし、気づいたことや疑問に思ったことを記録する。 ・500ゴールドは釣れそうで釣れなかった。 ・100ゴールドは電磁石を近づけると離れていった。	▲児童の興味・関心が学習内容以外に広がらないように、実際にある通貨単位ではなく、架空の通貨単位にする。 ▲ルールを明確にしておく。
	問題発見・把握	○単元を通して追究する問題を設定する。 ┌──────────────┐ │多くのお金カードを獲得するにはどうしたらよいだろうか。│ └──────────────┘	★主体的に学習に取り組む態度（ア）
	予想・仮説	○予想・仮説を立てる。 ・電流の大きさを変えればよい。 ・コイルの巻き数を変えればよい。 ・電流の向きを変えればよい。	◇予想・仮説が立てられない児童には強力電磁石の「ヒントカード」を見せる。写真1
	問題発見・把握	○問題を設定する。 ┌──────────────┐ │電流を大きくすると、電磁石の力は強くなるのだろうか。│ └──────────────┘	▲4年「電流の働き」を想起させ、「電流の大きさ」に焦点を当てて問題を設定する。
	予想・仮説	○予想・仮説を立てる。 ・強くなる。前に乾電池の数を増やしたら、豆電球が明るく光ったから。	

授業のポイント・板書例・プリントなど	その他

【使用するもの】※第1・2時
・強力電磁石
・お金釣りゲーム一式（コイル〈100回巻き〉、乾電池、お金カード）

◎ルールの掲示物を用意しておく。

◎お金釣りゲームのルール◎
・グループ対抗で、一人ずつ行う。
・お金カードに触れてはいけない。
・お金カードは完全に持ち上げる。
・電池の向きは変えない。

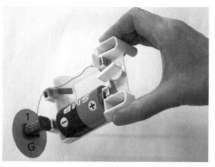

電磁石の実験キットを利用した「釣りざお」

お金カードについて

3種類のカード裏面に、円いフェライト磁石をつける。
- 1ゴールド…釣れるようにする。
- 100ゴールド…磁石の同極が反発し合う性質を利用して、釣れないようにする。
- 500ゴールド…1ゴールドカードよりも大きくし、裏面におはじきを付けて重くし、釣れないようにする。
- 各カードは、人数分用意する。

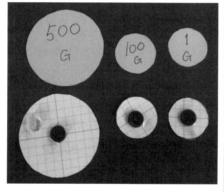

←お金カードの種類によって釣れる・釣れないようにしていることは、児童には知らせないでゲームに取り組ませる。

写真1 ヒントカード

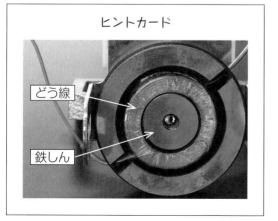

ヒントカード
どう線
鉄しん

時	過程	学習活動	◇支援 ★評価 ▲留意点・工夫
3	実験計画の立案	事象提示／問題発見・把握／予想・仮説／**観察・実験計画立案**／観察・実験／結果／考察／結論／活用 ○前時に立てた予想・仮説をもとに、実験計画を立てる。 ○個人で考え、その後にグループで意見交換をする。 　見方＝量的 〈電流を大きくするには？〉 ・乾電池の数を増やして、直列つなぎにすればよい。 〈電流の大きさを比較するには？〉 ・乾電池1個と2個のときとで、電磁石にクリップがつく数を比べればよい。 ・簡易検流計で電流の大きさを比べればよい。 ○変える条件と変えない条件を確認する。 　図1　考え方＝条件制御	▲グループで話し合いをする前に、個人で考える時間を確保し、全員が実験計画を立てるようにする。 ▲「電流の大きさ」「電流の大きさの比較の仕方」に着目させる。 ★主体的に学習に取り組む態度（イ） ★思考・判断・表現（ア） ▲簡易検流計の正しい使い方を確認する。 ◇条件を制御するには、調べたい条件だけを変えて、それ以外の条件は同じにすることに気をつけるよう助言する。
4・5	実験 結果 考察 結論	○乾電池1個のときと2個のときの電流の大きさを調べる。 ○結果を発表する。 ・乾電池が1個のときよりも2個のときの方が、クリップがたくさんついた。 ・簡易検流計では、乾電池が1個のときよりも2個のときの方が電流の大きさが大きかった。 ○考察をする。 ・予想と同じで、電流を大きくすると電磁石の力が強くなった。 ○結論を導き出す。 　電流を大きくすると、電磁石の力は強くなる。	★知識・技能（イ） ★知識・技能（ウ） ★思考・判断・表現（イ）

授業のポイント・板書例・プリントなど	その他

【使用するもの】※第3～5時
コイル（100回巻き）、乾電池3個、クリップ、簡易検流計、
電池ボックス（直列つなぎ用）

【実験計画について】※第3時
　既習内容の確認や、初めて使う実験器具の説明の後に理科室内にある備品を自由に見せて、「これが実験に使えそうだよね」等と声かけをすると、計画が立てやすくなる。

【実験計画の際に有効な既習内容】※第3時
・乾電池の数を増やして直列つなぎにしたら、電流は大きくなる。
・簡易検流計で、電流の大きさを調べることができる。

図1　条件を制御して考えるための表　※第3時

変える条件	電流の大きさ（乾電池1個と乾電池2個）
変えない条件	コイルの巻き数（100回巻き）

【板書例】※第3～5時

大問題
多くのお金カードをかく得するにはどうしたらよいだろうか。

問題
電流を大きくすると、電磁石の力は強くなるのだろうか。

〈予想・仮説〉
・強くなる。前にかん電池の数をふやしたら、豆電球が明るく光ったから。

〈結果〉
・かん電池が1このときよりも2このときの方がクリップがたくさんついた。
・かんいけん流計では、かん電池1このときよりも2このときの方が電流の大きさが大きかった。

実験計画を立てよう！

習った知識
●かん電池の数をふやして直列つなぎにしたら、電流は大きくなる。

変える条件	電流の大きさ（かん電池1ことかん電池2こ）
変えない条件	コイルのまき数（100回まき）

〈考察〉
・予想と同じで、電流を大きくすると電磁石の力が強くなった。

〈結論〉
・電流を大きくすると、電磁石の力は強くなる。

※板書内の「大問題」は、単元を通して追究する問題。

第2章●今の授業にプラスα

5年

時	過程	学習活動	◇支援 ★評価 ▲留意点・工夫
6・7		事象提示 / 問題発見・把握 / 予想・仮説 / 観察・実験計画立案 / 観察・実験 / 結果 / 考察 / 結論 / 活用	
	問題発見・把握	○問題を設定する。 コイルの巻き数を増やすと、電磁石の力は強くなるのだろうか。	見方＝量的 考え方＝条件制御
	実験計画の立案 実験 結果/考察/結論	○変える条件と変えない条件を確認する。 図2 ○コイルの巻き数を変えて実験をする。 ○結果をもとに考察し、結論を導き出す。 コイルの巻き数を増やすと、電磁石の力は強くなる。	★思考・判断・表現（ア） ★知識・技能（ウ） ★思考・判断・表現（イ）
8	問題発見・把握	○問題を設定する。 電磁石にもS極とN極があるのだろうか。	▲3年「磁石の性質」と関連が強いので、既習内容を確認する。
	予想・仮説 実験計画の立案〜結論	○予想・仮説を立てる。 ○実験計画を立て、実験をする。 ノート1 ○結果をもとに考察し、結論を導き出す。 電磁石にもS極とN極がある。	★知識・技能（エ）
9	問題発見・把握	○問題を設定する。 電流の向きを反対にすると、電磁石のS極とN極も反対になるだろうか。	▲電磁石の極の変化と、電流の向きを関係付ける。 考え方＝関係付け
	実験 結果/考察/結論	○乾電池の向きを反対にして実験をする。 ○結果をもとに考察し、結論を導き出す。 電流の向きを反対にすると、電磁石のS極とN極も反対になる。	★知識・技能（オ） ★思考・判断・表現（ウ）
10・11	活用	○第1時に設定した問題を確認して、再度「お金釣りゲーム」をする。	★主体的に学習に取り組む態度（ウ）

| 授業のポイント・板書例・プリントなど | その他 |

【使用するもの】※第6・7時
第3～5時に使用したもの、コイル（200回巻き）

図2 条件を制御して考えるための表　※第6・7時

変える条件	コイルの巻き数（100回巻きと200回巻き）
変えない条件	電流の大きさ（乾電池1個）

【使用するもの】※第8・9時
コイル（100回巻き）、乾電池、永久磁石、方位磁針

【実験計画】※第8時
　永久磁石の特徴と比較して、実験結果を整理していくようにする。
①電磁石を方位磁針に近づけ、針の動きを調べる。
②永久磁石に電磁石を近づけ、引き付け合うか調べる。

ノート1

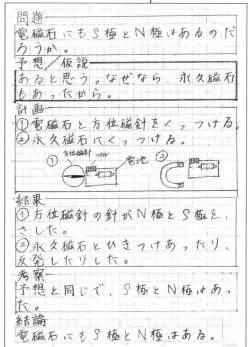

【結果を既習内容と関係付ける】※第9時
　4年「電流の働き」で学習した「乾電池の向きを変えると電流の向きも変わる」ことと関係付ける。

【前向きな姿勢作り】
　物作りやゲームなどの活用の時間は、児童にとってとても楽しみな時間である。しかし、ここで上手くいかないと意欲が下がってしまう。お金カードが上手に釣れなくても「何が原因か考えてみよう」や「失敗から学べることがあるよ」と前向きな声かけを心がけたい。
　さらに、失敗の原因を児童同士で話し合うと理解が深まる。

第2章 ● 今の授業にプラスα

5年

今の授業にプラスα 6年

アルファ！

【粒子】燃焼の仕組み（物の燃え方）

【地球】土地のつくりと変化

【生命】植物の養分と水の通り道
　　　　（植物の成長と水とのかかわり）

【エネルギー】てこの規則性（てこの働き）

6年生で育みたい問題解決の力

　6年生で育みたい「問題解決の力」は、**「主に自然事象の仕組みや性質、規則性及び働きについて、より妥当な考えをつくりだす力」**となっています。つまり、6年生では観察・実験の結果が得られたとき、それを多面的に予想したり、観察・実験したり、分析・考察したりすることで、より妥当な考えをつくりだす力が求められています。

　例えば、6年の「燃焼の仕組み」で、「ろうそくを燃やした後の空気の組成は、燃やす前と違っているのだろうか」という問題に対し、気体検知管などを使った実験を行い「酸素は21％から17％になり、二酸化炭素は0.03％から3％になった」という結果が得られたとします。その結果を受けて「酸素が減っているので、物が燃えるときに使われているようだ」、「二酸化炭素が増えているので、物が燃えた後には二酸化炭素ができるようだ」という考察だけではなく、「石灰水を入れておいたら、物が燃えた後に白く濁ったので、やはり二酸化炭素は増えていると思う」、「火が消えた後は酸素が減っているが、まだ17％あるので全部使うわけではないようだ」、「酸素は17％になると、燃やす力がなくなるのかな」、「二酸化炭素が3％になると物が燃えなくなるのかな」などのように、子どもたちが多面的に分析し考察できるように支援していくことが大切です。そうすることで、「物が燃えるときは、酸素が減って二酸化炭素が増える」というクラス全員が納得できるような結論を、子どもたちの言葉で導き出せるようになります。

　この本は、6年生の子どもたちがしっかりと「自然事象の仕組みや性質、規則性及び働きについて、より妥当な考えをつくりだす」ことができるように指導展開をくふうしました。参考にしてほしいと思います。

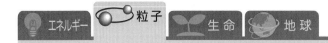

燃焼の仕組み（物の燃え方）

6年

1. 単元の目標

燃焼の仕組みについて空気の変化に着目し、物の燃え方を多面的に調べる活動を通して理科の見方や考え方を働かせながらより妥当な考え方をつくりだす能力を育てる。また、燃焼の仕組みについて主体的に探究しようとしたり、問題解決しようとしたりする態度を養う。

2. 単元の観点別評価規準

知識・技能
- （ア）図書資料やインターネットを活用して空気の組成について調べることができる。
- （イ）酸素には、物を燃やす働きがあることを理解している。
- （ウ）気体検知管や石灰水などの実験器具や試薬を適切に使って、安全に実験することができる。
- （エ）物が燃えるときには、空気中の酸素が使われ、二酸化炭素ができることを理解している。

思考・判断・表現
- （ア）物の燃焼と空気の動きを関係付けながら、物の燃焼の仕組みについて予想や仮説をもち、多面的に追究し、表現している。
- （イ）物の燃焼と空気の変化について、自ら行った実験の結果と予想や仮説を照らし合わせて多面的に追究し、自分の考えを表現している。

主体的に学習に取り組む態度
- （ア）物の燃焼について、提示された事象から主体的に問題を見いだそうとしている。
- （イ）物の燃焼の性質を利用して、身の回りの生活に生かそうとしている。

3. 単元で働かせる見方・考え方

見方	質 的	物が燃える前と、燃えた後の気体の組成の変化に関する質的な見方。
考え方	比 較	物が燃える前の空気と、燃えた後の空気を比較する考え方。
	関係付け	物の燃焼と、燃焼前後の空気の変化とを関係付ける考え方。

4. 関連する内容

学年	単 元	内 容
3年		
4年	空気と水の性質	空気の圧縮、水の圧縮
5年		
6年	**燃焼の仕組み**	**燃焼の仕組み**
中学校	物質のすがた 物質の成り立ち 化学変化 化学変化と物質の質量 　　　　　　　　　など	身の回りの物質とその性質、気体の発生と性質 物質の分解、原子・分子 化学変化、化学変化における酸化と還元、化学変化と熱 化学変化と質量の保存、質量変化の規則性 　　　　　　　　　　　　　　　　　　　　　など

5. 準備・下調べなど

- 集気びんと底なし集気びん　●集気びんのふた　●粘土　●ろうそく　●燃焼さじ
- 気体検知管（酸素6～24%用、二酸化炭素0.03～1.0%用、二酸化炭素0.5～8.0%用）の有無および保管場所の確認（酸素は冷蔵庫保管）
- 集気びんのふたや底のあき具合によるろうそくの燃焼時間を事前に調べて把握しておく。
- ボンベに入った酸素、二酸化炭素、ちっ素
- 曲がるストロー　●水槽　●石灰水　●わりばし　●バット
- マッチなどの着火装置

6. 指導計画（8時間）

時	過程	学習活動	◇支援　★評価　▲留意点・工夫
1		事象提示　問題発見・把握　予想・仮説　観察・実験計画立案　観察・実験　結果　考察　結論　活用	
	事象提示	○2つの異なる集気びんに火のついたろうそくを入れた演示実験を見せて、違いに着目し、燃え続けるための条件を考える。 図1 ・左：上ぶたあり底なし ・右：上ぶたあり底あり ○気づいたことを意見カードに書いた後、黒板に貼った3枚の模造紙に分類する。	▲2つの集気びんの違いに着目させる。 ▲右の集気びんは、火のついたろうそくを入れてふたをして、火が消えた後すぐに、別の火がついたろうそくを入れても火が消えることを教師が実験をして見せておく。 ▲模造紙に分類するときには、空気の流れに着目したものを選ぶ。
	問題発見・把握	○問題を設定する。 集気びんに入れたろうそくを燃やし続けるためには、何が必要だろうか。	★主体的に学習に取り組む態度（ア）
	予想・仮説	○予想・仮説を立てる。 ・空気が必要だと思う。 ・空気の入れ替えが必要だと思う。	
	実験計画の立案	○黒板の模造紙に分類したことをもとにして、個人で実験計画を考え、ワークシートに記入する。 プリント1 ※P.125 ○班で話し合い、実験計画を立てる。	◇条件を制御してから実験方法を考えるように伝える。 ◇手が止まっている児童には、ヒントカードを渡す。 ヒントカード1 ※P.125
2・3		事象提示　問題発見・把握　予想・仮説　観察・実験計画立案　観察・実験　結果　考察　結論　活用	
	実験 結果	○各班で考えた実験計画をもとにして、実験をする。 ○結果を記録する。 ・一番長く燃えたのは、底なし集気びんを使って、すき間を上も下も大きくあけたときだった。	▲燃える様子や時間などを意識して観察できるように助言する。

| 授業のポイント・板書例・プリントなど | その他 |

【事象提示】※第1時

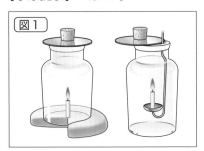

※ 図1 の状態の集気びんの現物を提示する。

図2 ～ 図5 は、事象提示には適さない例。

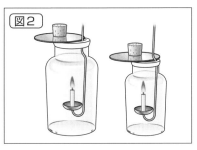
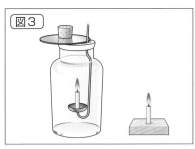
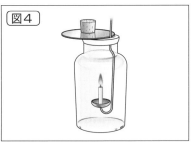
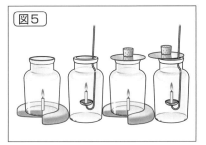

図1
本単元の事象提示で使うもの。

図2
空気の量の差には気づくが、空気の入れ替わりに着目できない。

図3
右側が燃え続けてしまうため、空気の入れ替わりに着目できない。

図4
比較の視点がない。

図5
児童の着目点が定まらず、実験計画を考える余地がなくなる。

第2章 ● 今の授業にプラスα

【板書例】気づいたことを模造紙に分類　※第1時

実験を見て
・空気の入り口が下だけだと入れかえがうまくいかず、ろうそくの火はすぐ消える。
・ろうそくの火が消えてからもう一度火のついたろうそくを入れても火が消えたのは、空気がなくなったからではないか。

燃やし続けるには…
・空気の通り道がびんの上下にあれば、燃え続ける。
・びんの上と下があいているので空気が出たり入ったりするのではないか。
・びんの上下があいていると、空気の通り道ができるのではないか。

その他
・上と下があいているびんは空気が入れかわるから、ろうそくは燃え続けると思う。
・2か所にすき間をあければ、ろうそくは燃え続けるのではないか。
・すき間をたくさんあければ、ろうそくは燃え続けると思う。

6年

時	過程	学習活動	◇支援 ★評価 ▲留意点・工夫
	考察	○空気の流れを時間の経過に応じて記録できるように、イメージ図や文章を使ってかき、多面的に考察をする。 ・上も下もあいていて、空気の通り道ができていたから、ろうそくは燃え続けたのではないか。	▲空気の流れを文章で書く場合は、燃やす前、燃焼中、燃やした後の3段階に分けて書くようにする。
	結論	○結論を導き出す。 ろうそくが燃え続けるには、空気が必要である。また空気の入れ替えが必要である。	★思考・判断・表現（ア）
4・5	問題発見・把握	○空気の成分について予想し、図書資料やインターネットを使って調べる。 ○空気は、ちっ素、酸素、二酸化炭素などの気体からできていることを確認する。 ○問題を設定する。 ちっ素、酸素、二酸化炭素には、物を燃やす働きがあるか。	★知識・技能（ア） 〈空気の組成〉※体積での割合 酸素 約21% 二酸化炭素などその他の気体 約1% ちっ素 約78%
	予想・仮説	○予想・仮説を立てる。 ・ちっ素は空気中に多く含まれるから、物を燃やす働きがあるのではないか。	
	実験計画の立案	○実験計画を立てる。	
	実験	○水上置換法でちっ素、酸素、二酸化炭素を集気びんに採取して、火のついたろうそくを入れる。図6	▲水上置換法で気体を採取する方法を動画などでおさえる。 ▲水上置換法で気体を採取する際に空気が入らないよう指導する。
	結果	○結果を記録する。 ・ちっ素…すぐに火が消えた。 ・酸素…激しく燃えて、やがて火が消えた。 ・二酸化炭素…すぐに火が消えた。	
	考察	○考察をする。 ・ちっ素と二酸化炭素はすぐに火が消えたから、物を燃やす働きがないようだ。	

授業のポイント・板書例・プリントなど | その他

プリント1 ※第1時

実験計画をたてよう

問題 集気びんに入れたろうそくを燃やし続けるための実験計画をたてよう。

6年 名前

ヒントカード1 ※第1時

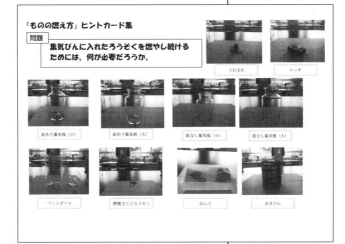

「ものの燃え方」ヒントカード集

問題 集気びんに入れたろうそくを燃やし続けるためには、何が必要だろうか。

うわぶた／マッチ／底あり集気瓶（小）／底あり集気瓶（大）／底なし集気瓶（小）／底なし集気瓶（大）／ペットボトル／燃焼さじとろうそく／ねんど／あきかん

【板書例】※第2・3時

問題　集気びんに入れたろうそくを燃やし続けるためには、何が必要だろうか。

〈実験〉
さまざまな集気びんから選ぶ。

〈結果〉
燃え続けたもの　火が消えたもの
（ワークシートを掲示）

〈考察〉
・燃え続けたものの共通点は、上と下にすき間がある。
・火が消えたものの共通点は、すき間が1か所しかない。
・燃え続けたものと火が消えたもののちがいは、すき間の数が2か所と1か所になっている。
・自分の予想とちがってすき間が1か所では燃え続けなかった。空気の入れかえが必要だと思った。

〈結論〉
・ろうそくが燃え続けるには、空気が必要である。
　また空気の入れかえが必要である。

図6 水上置換法 ※第4・5時

安全のため、気体は、集気びんの7〜8分目まで入れて、水が少し残るようにする。

第2章●今の授業にプラスα

6年

時	過程	学習活動	◇支援 ★評価 ▲留意点・工夫
6・7	結論	○結論を導き出す。 　酸素には物を燃やす働きがあるが、ちっ素、二酸化炭素には物を燃やす働きがない。	★知識・技能（イ）
	問題発見・把握	○問題を設定する。 　物が燃える前と燃えた後の空気には、どのような違いがあるのだろうか。	
	予想・仮説	○予想・仮説を立てる。 ・酸素は、物が燃えるときに使われてなくなると思う。	
	実験 結果	○気体検知管や石灰水を使用し、実験をする。 ○結果を記録する。 ・空気中の酸素が減って二酸化炭素が増えた。 ・燃える前は変化がなかったが、燃えた後は石灰水が白くにごった。	★知識・技能（ウ）
	考察 結論	○イメージ図や文章を使って、考察をする。 　考え方＝比較、関係付け　ノート1 ○結論を導き出す。　見 方＝質的 　物が燃えると、空気中の酸素の一部が使われて減り、二酸化炭素が増える。	▲燃焼前と燃焼後の酸素と二酸化炭素の増減に触れているものがのぞましい。 ★思考・判断・表現（イ） ★知識・技能（エ）
8	活用	○わりばし1膳を8等分して、マッチ1本で燃やし尽くす置き方を考え実験をする。　図7 ○わりばしは、そろえて置くより、放射状か「井」の形に置いた方がよく燃えたことから、空気の通り道がある置き方の方がよいことを確認する。	▲マッチが使えない場合は、着火装置などを利用する。そのときは、火をつけるのは1か所のみとして、火がついたら使用をやめるよう指示する。 ★主体的に学習に取り組む態度（イ） ◇考察のときには、今まで学習したことを想起するように促す。

| 授業のポイント・板書例・プリントなど | その他 |

【イメージ図について】※第6・7時

可視化できない現象を、そこに見えていたように書く方法。

「酸素君」と「二酸化炭素君」を集気びんに描き、その割合が燃焼前と燃焼後に変化した様子を描く。減った「酸素君」は苦しそうな表情になったり、数が減ったりしている図、増えた「二酸化炭素君」は元気な表情になったり、数が増えたりしている図にすることがのぞましい。

ノート1 ※第6・7時

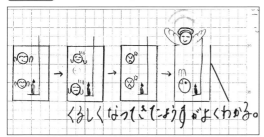

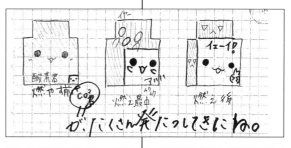

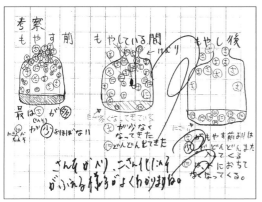

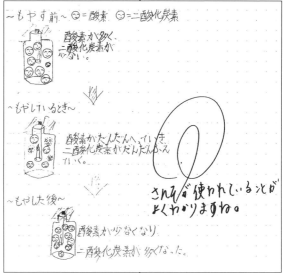

図7 ※第8時

 6年 土地のつくりと変化

1. 単元の目標

　土地のつくりと変化について土地やその中に含まれる物に着目し、土地のつくりやでき方を多面的に調べる活動を通して、理科の見方や考え方を働かせながらより妥当な考え方をつくりだす能力を育てる。また、土地のつくりと変化について主体的に探究しようとしたり、問題解決しようとしたりする態度を養う。
　生活との関連では、地震や火山活動による大地の変化と災害を関係付けて防災意識を高めるようにする。

2. 単元の観点別評価規準

知識・技能	（ア）ボーリング試料を活用し、土地のつくりについてくふうして調べている。 （イ）土地は、れき、砂、泥からできていて、層をつくって広がっているものがあることを理解している。 （ウ）地層には、化石が含まれていることを理解している。 （エ）地層には、流れる水の働きや火山の働きでできているものがあることを理解している。 （オ）図書資料やインターネットを活用して、火山活動や地震で土地が変化した様子を調べることができる。
思考・判断・表現	（ア）土地の様子や構成物などから、土地のつくりについて多面的に追究し、より妥当な考えをつくりだして表現している。 （イ）層に化石や丸いれきが含まれていることから、地層のでき方について仮説をもち、多面的に追究し表現している。
主体的に学習に取り組む態度	（ア）土地の様子やつくりについて、提示された写真などから主体的に問題を見いだそうとしている。 （イ）地層のでき方について、主体的に実験計画を立てて調べようとしている。 （ウ）火山の働きによって土地がどのように変化するのかということについて、主体的に調べようとしている。

3. 単元で働かせる見方・考え方

見方	時間的・空間的	土地のつくりやでき方に関する、時間的・空間的な見方。
考え方	比較	3か所の土地の構成物を比較する考え方。
	多面的な追究	土地のつくりについて問題解決をする過程で、多面的に追究する考え方。

4. 関連する内容

学年	単元	内容
3年		
4年	雨水の行方と地面の様子	地面の傾きによる水の流れ、土の粒の大きさと水のしみ込み方
5年	流れる水の働きと土地の変化	流れる水の働き、川の上流・下流と川原の石、雨の降り方と増水
6年	**土地のつくりと変化**	**土地の構成物と地層の広がり、地層のでき方と化石、火山の噴火や地震による土地の変化**
中学校	身近な地形や地層、岩石の観察 地層の重なりと過去の様子 火山と地震 自然の恵みと火山災害・地震災害	身近な地形や地層、岩石の観察 地層の重なりと過去の様子 火山活動と火成岩、地震の伝わり方と地球内部の働き 自然の恵みと火山災害・地震災害

5. 準備・下調べなど

- 近隣の3か所のボーリング試料（または、ボーリング柱状図）
- 地層の写真　●化石（または、レプリカや写真）
- 地層の模型の材料（紙粘土、絵の具、小石、砂、貝、ミニカー）
- れき（少し小さめの角ばった石）、砂、泥（赤土）
- 地層のでき方を調べるための実験用具（スタンド、雨どい、水槽、アクリル板、ビーカー）
- インターネット上で地層に関する資料のあるサイトを見つけておく。
- 地層や化石、火山、地震に関する図鑑・書籍などの図書資料
- 火山の模型の材料（紙粘土、水風船、小麦粉）

6. 指導計画（11時間）

時	過程	学習活動	◇支援 ★評価 ▲留意点・工夫
1・2	事象提示	○地面の下がどうなっているか考える。 ・岩　・土　・動物のすみか ○地層の写真を見て、気づいたことをカードに書く。[写真1] ・全部同じ土ではない。 ・縞模様が広がっている。 ○近隣の3か所のボーリング試料を提示する。[写真2]	◇コンクリートや土の下がどうなっているかを予想するように伝える。 ▲層がはっきりと分かれている写真資料を提示する。 ★主体的に学習に取り組む態度（ア） ▲3か所のボーリング試料のうち、1か所は自校の試料であるとより興味・関心が高まる。
	問題発見・把握	○問題を設定する。 私たちの住んでいる地域の地層は、どうなっているのか。	
	予想・仮説	○近隣の3か所のボーリング試料を観察して多面的に追究し、予想・仮説を立てる。 ・AとBの層は、上から同じ順番になっているから、AとBの土地はつながっていたのかな。 ・AとCでは明らかに層がずれている。何か大きな力が働いたのかな。	▲共通点と差異点を探すようにする。 ◇3か所の試料を比較することが困難な児童には、2か所の試料で比較するように伝える。 [考え方]＝多面的な追究
	観察計画の立案	○観察計画を立てる。 ・3か所のボーリング試料をもとに、層の積み重なり方を観察カードに描いて比べる。 ・3か所の層の積み重なり方の図を、横に並べて描く。[図1]	
	観察	○3か所のボーリング試料をよく観察して、地表からの深さの順に描く。 [考え方]＝比較	▲観察時には色や特徴も描き込むことで地層の広がりを捉えやすくする。 ★知識・技能（ア）
	結果	○観察結果をまとめる ・地層には、れき、砂、泥などの層があった。 ・3か所の層の並びがほぼ同じになっている。	▲[図1]のローム層、粘土層、シルト層は、「泥」の扱いとする。

授業のポイント・板書例・プリントなど	その他

【ボーリング試料について】※第1・2時

　ボーリング試料は、近隣の役所や学校などの公共施設であれば保管していることが多い。地層の広がりを実感させたいので、可能であれば比較する3か所のうち2か所は、地層構成が似ている資料が望ましい。また、ボーリング試料が入手困難な場合は、自治体などで公表しているボーリング柱状図などの資料から、教師が事前に適当な3か所を選んでおいて児童に提示するとよい。

※インターネットで「ボーリング柱状図」のキーワードで検索するとたくさん出てくる。

【板書例】※第1・2時

問題
私たちの住んでいる地域の地層は、どうなっているのか。

〈予想・仮説〉
・AとBの層は、上から同じ順番になっているから、AとBの土地はつながっていたのかな。
・AとCでは明らかに層がずれている。何か大きな力が働いたのかな。

・全部同じ土ではない。
・しまもようが広がっている。

写真2　ボーリング試料

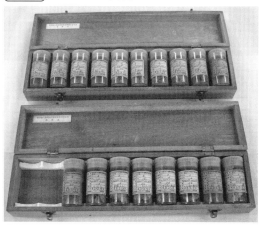

図1

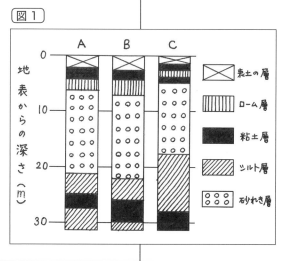

第2章 ● 今の授業にプラスα

6年

時	過程	学習活動	◇支援 ★評価 ▲留意点・工夫
3		事象提示／問題発見・把握／予想・仮説／観察・実験計画立案／観察・実験／結果／**考察**／**結論**／活用	
	考察	○3か所の層の積み重なりの図から考察をする。	★思考・判断・表現（ア）
	結論	○結論を導き出す。 見方＝空間的	▲れき、砂、泥の層でできていることをおさえる。
		地層には、れき、砂、泥の層があった。地層は広い範囲で積み重なっている。	★知識・技能（イ）
4	事象提示	○植物や貝、魚などの化石を見せる。 写真3～写真8 ・海に生息していた生き物の化石が、陸上の地層の中で見られることに気づかせる。	▲化石の写真やレプリカでもよい。 ▲なぜ陸上なのに海の生き物の化石が出るのかという疑問をもたせる。 ★知識・技能（ウ）
	問題発見・把握	○問題を設定する。 化石にはどのようなものがあるか。また、化石になった生物がいたのはどのような場所か。	
	予想・仮説	○化石になった生物の生息地の様子について予想・仮説を立てる。 ・陸上の層の中に貝や魚の化石が入っているということは、昔は海だったのか。 見方＝空間的	
	（調べ学習）	○図書資料やインターネットを使って調べたり、実際の化石に触れたりしてみる。	
	考察 結論	○考察をする。 ○結論を導き出す。 見方＝時間的 動物や植物のさまざまな化石がある。貝や魚の化石が出るところは、大昔には海だったことがわかる。	▲海底で形成された地層が、大きな力で長い年月をかけておし上げられたことによって、陸上に貝などの化石が見られることに触れる。

| 授業のポイント・板書例・プリントなど | その他 |

【授業のポイント】※第4時

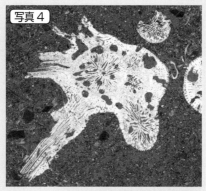

写真3
ナトリホソスジホタテ
（暖流系のホタテの仲間）
約1500万年前の海の地層
栃木県那須烏山市

写真4
サンゴ（浅くて暖かい海）
約1400万年前の海の地層
栃木県那須町

写真5
ヌマガレイ
約1200万年前の海の地層
栃木県那須塩原市

写真6
ヒゲクジラ※手前が頭部
（海に進出したクジラが大型化し始めたころのもの）
約1000万年前の海の地層
栃木県宇都宮市

写真7
シオバラガエル
約30万年前の湖の地層
栃木県那須塩原市

写真8
ナツツバキの葉
約30万年前の湖の地層
栃木県那須塩原市

写真3～8提供：
柏村勇二（栃木県立博物館）

①可能であれば本物の化石を用意する。入手困難な場合は、レプリカや写真などでもよい。
②海に生息していた魚や貝の化石も用意する。
③なぜ陸上の地層の中に海の生き物の化石が含まれているのかという疑問をもたせるようにする。
④可能であれば、石から貝などの化石を取り出す作業を事象提示のときに取り入れると、さらにわかりやすい。

時	過程	学習活動	◇支援 ★評価 ▲留意点・工夫
5・6	事象提示	○班ごとに紙粘土で作った2つの地層を置き、触ったり切ったりしながら気づいたことを話し合う。[写真9] ・いろいろな層がある。 ・小石の層があり、ザラザラしている。 ・切ったら貝のようなものが出てきた。 ・灰のような黒いものが入っていた。火山の影響か。	▲紙粘土の地層には、砂や貝などを混ぜて触感を大切にし、気づきの質を高める。
	問題発見・把握	○問題を設定する。 　地層の縞模様は、どのようにしてできたのか。	
	予想・仮説	○地層の縞模様のでき方について、予想・仮説を立てる。 ・土がどんどん流れてきたのではないか。 ・火山灰が降り積もったのではないか。 　（第8・9時へつなげる）	▲「火山灰が降り積もったのでないか」という仮説が出た場合は、第8・9時へつなげる。
	実験計画の立案	○実験計画を立てる。 ・雨どいにのせた土を水で静かに流していく。	▲5年「流れる水の働きと土地の変化」で学習した侵食・運搬・堆積を想起させる。 ★主体的に学習に取り組む態度（イ）
7	事象提示／問題発見・把握／予想・仮説／観察・実験計画立案／**観察・実験**／結果／考察／結論／活用		
	実験	○実験をする。[図2] ・れき、砂、泥が混ざった土を水で流し、水槽の中に縞模様をつくる。	▲れき、砂、泥が混ざった土を用意しておく。
	結果	○下から、れき、砂、泥の層に分かれて積もっていた。[図3]	
	考察 結論	○考察をする。 ○結論を導き出す。 　流れる水の働きによって運搬された土が、海や湖の底に、れき、砂、泥に分かれて堆積し、地層ができる。	★思考・判断・表現（イ） ★知識・技能（エ）

授業のポイント・板書例・プリントなど	その他

【事象提示のポイント】※第5・6時

写真9

ここにミニカーを置く。

←実際に地層を見に行けない場合は、班に1つずつ行き渡るように、事前に教師が紙粘土で地層をつくっておく。

①層の違いがわかるように、紙粘土の層の種類ごとに違う色づけをする。
②れきの層には小石、砂の層には砂を混ぜたり、小さな貝を混ぜて化石の代わりにしたりすることで触感の違いを出し、子どもたちに疑問をもたせ、問題発見につなげる。
③地層は、切ったりたたいたりしてもよいということを伝えておく。
④地層の断面が見えるように縦半分に切り、2つの地層の間にミニカーなどを置いて、実際の地層が大きいことを把握できるようにする。

【実験のポイント】※第7時

図2　地層のでき方を調べる実験

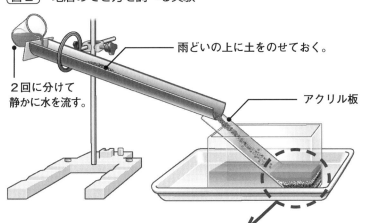

雨どいの上に土をのせておく。
アクリル板
2回に分けて静かに水を流す。

図3

泥→
砂→
れき→
泥→
砂→
れき→

地層のでき方を調べる実験である。雨どいを使って水で静かに土を流していくと、れき、砂、泥に分かれて堆積する。
2回目に流すときは1回目の後にしばらく待つようにする。すぐに流すと、層が混ざるので注意する。

時	過程	学習活動	◇支援 ★評価 ▲留意点・工夫
8・9	事象提示	○噴火している火山や、火山灰が降り積もった街の様子を写真で見せる。 ・火山灰がたくさん降っている。	▲事前に火山の噴火に関する写真や動画を集め、提示できるようにしておく。
	問題発見・把握	○問題を設定する。 火山の影響で地層はできるのか。	
	予想・仮説	○火山の影響で地層ができるのか、予想・仮説を立てる。 ・火山灰が降り積もってできる。 ・流れてきた溶岩が固まってできる。	▲事象提示を丁寧に行い、地層形成に火山の影響があることに気づかせるようにする。
	実験計画の立案	○実験計画を立てる。 ・火山の噴火や火山灰について、インターネットで調べる。 ・砂場に紙粘土でつくった火山を用意しておいて、風船に小麦粉を入れ、火山に見立てて噴出させて小麦粉を降らせる。図4	▲事前にインターネットで調べられるサイトを見つけておく。
	実験 結果 考察 結論	○各班で実験をする。 ○砂の上に小麦粉が積もって白くなった。 ○考察をする。 ○結論を導き出す。 火山が噴火したときに出た火山灰などが堆積して地層ができることもある。	★主体的に学習に取り組む態度（ウ） ★知識・技能（エ）
10・11	活用	○もしも、富士山が噴火したらどうなるのかということを考え、発表する。ノート1	▲図書資料やインターネットなどで調べたことを図や模型を使って発表するようにする。 ▲自然災害に関係付けて考えさせる。 ▲火山活動だけでなく、地震による土地の変化にも触れるとよい。 ★知識・技能（オ）

授業のポイント・板書例・プリントなど

【事象提示のポイント】※第8・9時

火山が地層形成に影響しているという認識を子どもはなかなかもてない。火山が噴火したときに噴き出したれきや火山灰が降り積もって地層になることがわかるように、火山灰などが大量に降り積もっている様子を動画や写真で見せることが大切である。

【実験のポイント】※第8・9時

実験で使用するのは大きな風船ではなく、水風船にする。水風船だと、小麦粉を入れるときに口を広げやすく、小麦粉を噴出させやすい。

図4

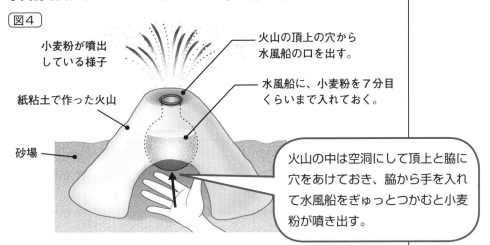

火山の中は空洞にして頂上と脇に穴をあけておき、脇から手を入れて水風船をぎゅっとつかむと小麦粉が噴き出す。

【自然災害との関連】※第10・11時

ノート1 児童がまとめたノート

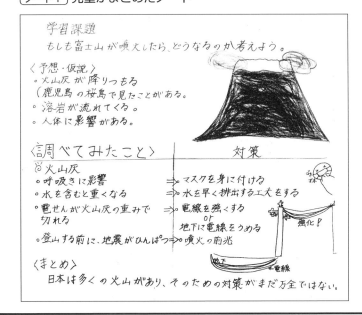

第2章 ● 今の授業にプラスα

6年

6年 植物の養分と水の通り道
（植物の成長と水とのかかわり）

※教科書によっては「日光とのかかわり」も同じ単元になっている場合がありますが、本書では「水とのかかわり」のみ取り上げています。

1. 単元の目標

植物について体のつくりや体内の水の行方に着目し、生命を維持する働きを多面的に調べる活動を通して、理科の見方や考え方を働かせながらより妥当な考え方をつくりだす能力を育てる。また、植物の体のつくりと体内の水の行方について主体的に探究しようとしたり、問題解決しようとしたりする態度を養う。

2. 単元の観点別評価規準

知識・技能	（ア）顕微鏡を適切に使用し、葉や茎の様子を観察して植物の水の通り道を調べることができる。 （イ）ホウセンカで吸水実験をして、その過程や結果を記録することができる。 （ウ）植物には、水の通り道があることを理解している。 （エ）根から取り入れられた水は、茎を通って主に葉から蒸散していることを理解している。
思考・判断・表現	（ア）実験の結果から、植物の水の通り道について多面的に追究し、表現している。 （イ）実験の結果から、葉の有無による蒸散量の違いを多面的に追究し、自分の考えを表現している。
主体的に学習に取り組む態度	（ア）植物の体内の水の行方について、提示された事象から主体的に問題を見いだそうとしている。 （イ）植物の体内の水の行方に生命の巧みさを感じ、人の体のつくりと比較したり関係付けたりして、進んで調べようとしている。

3. 単元で働かせる見方・考え方

見方	多様性と共通性	身の回りの植物は、種類によって体のつくりが異なるという多様性に着目する見方。 植物の水の通り道は、種類が違っても共通性があるという見方。
考え方	比較	葉のついたホウセンカと葉を取ったホウセンカの蒸散する水の量を比較する考え方。
	多面的な追究	植物の水の通り道について調べるときに、多面的に追究する考え方。

4. 関連する内容

学年	単元	内容
3年	身の回りの生物	身の回りの生物と環境とのかかわり、 昆虫の成長と体のつくり、植物の成長と体のつくり
4年	人の体のつくりと運動	骨と筋肉、骨と筋肉の働き
5年		
6年	人の体のつくりと働き **植物の養分と水の通り道**	呼吸、消化・吸収、血液循環、主な臓器の存在 **でんぷんのでき方、水の通り道**
中学校	生物の体の共通点と相違点 植物の体のつくりと働き など	植物の体の共通点と相違点、動物の体の共通点と相違点 葉・茎・根のつくりと働き など

5. 準備・下調べなど

- 元気なホウセンカ（土が湿っているもの）と、しおれたホウセンカ（水を約2日間与えないで土が乾いているもの）
- ちょうどよい色水を作るために、染色剤の量を事前に調べておく。
  ※食紅は、植物の道管が詰まる場合があるので、花専用の染色剤を使うとよい。また、赤色（染色剤）と緑色（植物）の区別がつきにくい児童がいる場合は、青色の染色剤を使用するとよい。
- カッターナイフの使い方を確認しておく。　●カッターマット
- 新聞紙（床に敷くため）　●顕微鏡　●デジタルカメラ　●ポリエチレンの袋

6. 指導計画（5時間）

時	過程	学習活動	◇支援 ★評価 ▲留意点・工夫
1	事象提示	○元気なホウセンカと、しおれたホウセンカを植木鉢ごと提示する。写真1 写真2 ○気づいたことを意見カードに書き、発表する。	▲元気なホウセンカ（土が湿っているもの）と、しおれたホウセンカ（土が乾いているもの）を用意する。 ★主体的に学習に取り組む態度（ア）
	問題発見・把握	○問題を設定する。 植物に与えた水は、植物の体の中をどのように通っていくのだろうか。	
	予想・仮説	○予想・仮説を立てる。 ・水は、根から茎を通って葉にいく。 ・水は、葉から茎を通って根にいく。	◇予想・仮説が困難な児童に対しては、根の様子がわかるホウセンカの写真を示す。
	実験計画の立案	○実験計画を立てる。 ・透明な水ではなく色水を与えると、どこを通ったかわかりやすい。 ・植物のいろいろな場所を切ってみる。	▲実験計画で児童から意見が出ない場合は、透明な水だとわかりにくいということをおさえるとよい。
2	事象提示｜問題発見・把握｜予想・仮説｜観察・実験計画立案｜**観察・実験**｜結果｜考察｜結論｜活用		
	実験	○ホウセンカの根を色水にひたし、葉や茎の色の変化と水面の位置の変化を観察する。 ○水の通り道を調べるには、どこを切ればよいかを考えさせ、多面的に追究する。 ・根を切る。　考え方＝多面的な追究 ・茎を縦や横に切る。 ・葉の裏側も赤くなっているから、顕微鏡で調べてみる。	▲自分が予想した水の通り道のさまざまな場所を切ることによって、多面的に追究する。 ▲カッターナイフの安全な使い方を指導する。 ▲葉の裏側は、はがした薄皮を顕微鏡で観察するように指導する。 ★知識・技能（ア）
	結果	○実験結果をまとめる。図1 ※P.143 　見方＝多様性と共通性	▲1枚の模式図にする。 ★知識・技能（イ）
	考察 結論	○班ごとに考察をする。 ○結論を導き出す。 植物の体には、水の通り道があり、根から取り入れた水は、水の通り道を通って、全体に行き渡る。	★思考・判断・表現（ア） ★知識・技能（ウ）

授業のポイント・板書例・プリントなど	その他

写真1 ※第1時　　写真2 ※第1時

元気なホウセンカ

しおれたホウセンカ

比較する対象がないと問題発見につながりにくいので、しおれたホウセンカも用意する。授業日の2日前から水を与えないようにするとよい。

【板書例】※第1時

2つのホウセンカを見て気づいたことを書こう。

〈比かく〉
・元気な方は土がしめっている。
・しおれている方は土がカラカラだ。
・水が関係しているのではないか。

問題
植物にあたえた水は、植物の体の中をどのように通っていくのだろうか。

〈予想・仮説〉
・水は、根からくきを通って葉にいく。
・水は、葉からくきを通って根にいく。

〈実験計画〉
・水はとう明だから絵の具などで色をつければよい。

時	過程	学習活動	◇支援　★評価　▲留意点・工夫
3	事象提示	○動物は余分な水分を汗や尿として出しているが、植物はどうかと投げかける。	
	問題発見・把握	○問題を設定する。	★主体的に学習に取り組む態度（イ）
		根から茎を通って葉まで届いた水は、その後どうなるのだろうか。	
	予想・仮説	○午前中にポリエチレンの袋を被せておいたホウセンカを見せ、気づいたことから予想・仮説を立てる。 ・袋の内側に水滴がついていた。 ・前の実験で、色水が減っていたから、根以外の茎か葉から水が出ていくのではないか。	▲前時に作成した模式図で、葉まで届いた水がどうなるのか考える。 ▲前時の吸水実験で、色水の水位が下がったことを思い出させる。
	実験計画の立案	○実験計画を立てる。 ・水は葉から出ていると思うので、葉がついたものと葉を取ったもので比べたらよい。	▲葉がついたホウセンカ、葉を取ったホウセンカで比較できるようにする。
4	実験	○葉がついたホウセンカと葉を取ったホウセンカに、それぞれポリエチレンの袋を被せ、約20〜30分後にホウセンカの袋の中の様子を観察する。	
	結果	○実験結果をまとめる。 ・葉がついている方が水滴が多い。 ・葉を取った方も水滴が少しついている。茎からも少し出ているのか。 考え方＝比較	★思考・判断・表現（イ）
	考察 結論	○班ごとに考察をする。 ○結論を導き出す。 葉まで運ばれた水は、主に葉から水蒸気となって空気中に出ている。	★知識・技能（エ） ▲根から取り入れられた水が、水蒸気となって植物から出ていくことを「蒸散」ということをおさえる。
5	活用	○6年「人の体のつくりと働き」で学習したことと比較したり関係付けたりしてノートにまとめる。	★主体的に学習に取り組む態度（イ）

| 授業のポイント・板書例・プリントなど | その他 |

図1 班ごとに実験結果をまとめた模式図（例）　※第2時

←デジタルカメラで撮影した植物の断面の写真を貼って説明を書く。

←模造紙の中央に、少し大きめのホウセンカの絵や写真を貼っておく。

←植物の多様性・共通性に触れる疑問があるとよい。

てこの規則性
（てこの働き）

6年

1. 単元の目標

てこの規則性について力を加える位置や力の大きさに着目し、てこの働きを多面的に調べる活動を通して、理科の見方や考え方を働かせながらより妥当な考え方をつくりだす能力を育てる。また、てこの規則性について主体的に探究しようとしたり、問題解決しようとしたりする態度を養う。

2. 単元の観点別評価規準

知識・技能
（ア）物を小さな力で持ち上げる方法を、支点から力点、支点から作用点の距離を変えて調べ、その結果を記録することができる。
（イ）てこで物を持ち上げるときの手ごたえは、支点から力点までの距離、支点から作用点までの距離が関係していることを理解している。
（ウ）てこの規則性を調べ、その過程や結果を記録することができる。
（エ）てこのつり合いの規則性は、力の大きさと支点からの距離の積に関係していることを理解している。
（オ）身の回りには、てこの働きを利用した道具があることを理解している。

思考・判断・表現
（ア）軽いおもりでも支点からの距離を長くするとてこを傾ける力が大きくなることを、てこの規則性と関係付けて多面的に追究し表現している。
（イ）てこの規則性について、自ら行った実験の結果と予想や仮説を照らし合わせて考察し、自分の考えを表現している。

主体的に学習に取り組む態度
（ア）棒を使い小さな力で重い物を持ち上げることについて、主体的に問題を見いだして調べようとしている。
（イ）てこがつり合うときの規則性について、主体的に実験をして調べようとしている。

3. 単元で働かせる見方・考え方

見方	量的	てこで物を持ち上げるとき、同じ重さでも支点から力点、支点から作用点の距離によって力の大きさが変化するという量的な見方。
考え方	比較	加える力を同じにしたときに支点からの距離の遠近によって手ごたえが違うことを比較する考え方。
	関係付け	てこをつり合わせるときに、支点からの距離とおもりの重さを関係付ける考え方。

4. 関連する内容

学年	単元	内容
3年	風とゴムの力の働き 光と音の性質	風の力の働き、ゴムの力の働き 光の当て方と明るさや暖かさ、音の大小と伝わり方
4年		
5年	振り子の運動	振り子の運動
6年	**てこの規則性**	**てこのつり合いの規則性、てこの利用**
中学校	力の働き 力のつり合いと合成・分解 運動の規則性 力学的エネルギー　など	力の働き 水中の物体に働く力、力の合成・分解 運動の速さと向き、力と運動 仕事とエネルギー、力学的エネルギーの保存　　など

5. 準備・下調べなど

- 2 mくらいの棒（丸いもの）
- 水の入ったペットボトル（250mL、500mL、1L）
- バケツ
- 目隠し用の布
- 実験用てこ（大：教師用、小：児童用）
- おもり
- ペンチ
- 栓抜き

6. 指導計画（8時間）

時	過程	学習活動	◇支援 ★評価 ▲留意点・工夫
1	事象提示	○目隠しをした状態で棒に吊るされたペットボトルの大きさを当てるゲームをする。 図1 写真1 〜 写真3 ○気づいたことを発表する。 ・手から肩までの距離が近いとき、250mLのペットボトルでも500mLかと思うくらい重く感じた。 ・肩からバケツまでの距離が遠いとき、1Lのペットボトルかと思ったけれど、250mLで驚いた。 ○支点、力点、作用点について確認する。	▲吊るす場所を3か所示し、バケツの中にペットボトルを入れる。 ▲目隠しをしている人に当てられないようにくふうするよう伝える。 ▲初めは目隠ししていない人も棒を持ち、ペットボトルをバケツに入れたら「せーの」で手を離すようにする。 写真2 ★主体的に学習に取り組む態度（ア） ▲ゲームで使った物から支点、力点、作用点を確認する。
2・3	問題発見・把握	○問題を設定する。 　てこを使ってペットボトルを持ち上げるとき、支点から力点、支点から作用点までの距離をどのようにすれば軽くなるだろうか。	
	予想・仮説	○予想・仮説を立てる。 ・支点の位置が関係している。 ・支点と作用点の距離の関係ではないか。 ・支点と力点の距離を変えると重さの感じ方が変わると思う。	
	実験計画の立案	○実験計画を立てる。 ・支点から力点、支点から作用点の距離を近くと遠くで比較して実験してはどうか。 　考え方 ＝比較 ・支点から一定の距離をとって3か所で物を吊るして実験してはどうか。	▲変える（調べる）条件、変えない条件を整理して、条件制御を意識した実験計画を立てさせる。
	実験結果	○実験をする。 ○実験結果をまとめる。 ・支点から作用点までの距離を短くすると軽くなった。	★知識・技能（ア） ▲力や重さをイメージ図で表すとわかりやすい。

授業のポイント・板書例・プリントなど	その他

【使用するもの】※第1時
2mくらいの棒、バケツ、水の入ったペットボトル（250mL、500mL、1L）、目隠し用の布

てこの規則性に気づかせるために、支点から力点までの距離、支点から作用点までの距離を自由に実験させることが大切である。

【事象提示の様子】※第1時

図1

← 事前に棒が折れないか確認をしておく。

バケツをかける場所を3か所設けて、それぞれの重さの感じ方を確かめる。

写真1

水を入れた250mL、500mL、1Lのペットボトルのうち1本を棒に吊るして、重さの感じ方はどうなるか調べてみよう。

写真2

バケツにペットボトルを入れたら、「せーの！」で手を離します。
※児童は、必ず棒の左右どちらかに立つようにします。真後ろだと棒があごに当たって危険です。

写真3

「バケツに入っているペットボトルの大きさは？」
「う〜ん、500mLかな」
「正解は250mLでした」
「えっ！そうなの!?」

【児童の気づき】※第1時

なぜ遠くなると重くなるの？
近いとまだうしろにぼうがあって前にしか、重さはないからそんなに重くはないけど、いちばん後ろとか遠いほうは、ぼうの重さとペットボトルの重さがあって、重くなると思う。

自分に近い→かるい
自分から遠い→おもい

すごい重いものを手前に、すごい軽いものをおくにするとどっちがおもい？

第2章 ● 今の授業にプラスα

6年

時	過程	学習活動	◇支援 ★評価 ▲留意点・工夫
	考察 結論	・支点から力点までの距離を短くすると重くなった。 ○考察をする。 ○結論を導き出す。 □ てこを使って物を小さな力で持ち上げるには、支点と作用点の距離を短くし、支点と力点の距離を長くする。	見方＝量的 ★知識・技能（イ）
4	事象提示	○大型実験用てこを見せて、水平につり合うのはどのようなときか考える。 写真4 ○自分の考えを、文や図、絵などでノートにかいて発表する。	▲右の腕は、距離6、おもり1個（10g）にしておく。 ▲てこは、傾ける働きが大きい方に傾くことを理解する。 ▲てこが水平になっているとき、左右のてこを傾ける働きは同じであることをおさえる。
	問題発見・把握	○問題を設定する。 □ てこが水平につり合うのは、どのようなときだろうか。	
5	事象提示 | 問題発見・把握 | **予想・仮説** | **観察・実験計画立案** | **観察・実験** | 結果 | 考察 | 結論 | 活用		
	予想・仮説	○予想・仮説を立てる。 ・左右とも支点から同じ距離に同じ重さのおもりを吊るすとつり合うと思う。 ・左は、支点からの距離が近い場所ならおもりを重く、支点からの距離が遠い場所ならおもりを軽くすればよいと思う。	▲てこが水平につり合うとき、おもりの重さやおもりを吊るす位置がどのような関係にあるかを考えさせる。 考え方＝関係付け
	実験計画の立案 実験	○実験計画を立てる。 ノート1 ～ ノート4 ○てこが水平につり合うのはどのようなときか実験をする。	★主体的に学習に取り組む態度（イ） ★知識・技能（ウ） ▲てこを傾ける働きは、「おもりの重さ×支点からの距離」になる

授業のポイント・板書例・プリントなど | その他

【使用するもの】※第4時

大型実験用てこ（教師用）、実験用てこ（児童用）、おもり

【板書例】※第5時

写真4

問題
てこが水平につり合うのは、どのようなときだろうか。

〈予想・仮説〉
・左右とも支点から同じきょりに同じ重さのおもりをつるすとつり合う。
・左は、支点からのきょりが近い場所なら、おもりを重くすればつり合う。
・左は、支点からのきょりが遠い場所なら、おもりを軽くすればつり合う。

〈実験方法〉
・右のうでは、支点からのきょり6、おもり1個（10g）にする。
・右につり合うように、左のうでのおもりをつるす位置や数を探す。

〈結果〉

	左のうで					
支点からのきょり	1	2	3	4	5	6
おもりの数	6個	3個	2個	×	×	1個

右のうで：支点からのきょり6、おもりの重さ1個（10g）のとき

【予想・仮説を多面的に追究している児童のノート】※第5時

ノート1
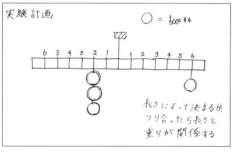

ノート2
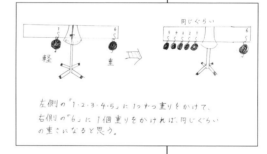

ノート3
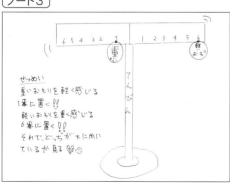

ノート4
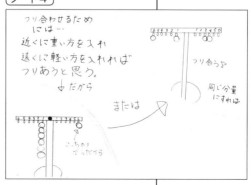

時	過程	学習活動	◇支援 ★評価 ▲留意点・工夫
6	結果	○実験結果を班でまとめて、つり合ったおもりの吊り方をワークシートに描く。	ことに気づき始めたら、いろいろなパターンを試して多面的に追究できるようにする。 ★思考・判断・表現（ア） ▲おもりを吊るしていないてこだけが描かれたワークシートをたくさん用意しておく。
	考察	○考察をする。 ・支点からおもりまでの距離が近いほど大きな力、支点から遠いほど小さな力でつり合うことがわかった。 ・左右の「おもりの重さ×支点からの距離」の積が同じだった。	★思考・判断・表現（イ） ▲各班が発表した実験結果を他の班でも実際にやってみて、つり合うかどうかを確かめるようにする。
	結論	○結論を導き出す。 　てこが水平につり合うのは、左右のてこを傾ける働き（力の大きさ×支点からの距離）が同じときである。	★知識・技能（エ）
7	活用1	○身の回りにある道具が、どのようにてこの働きを利用しているのか考える。 ・ペンチや栓抜きは、てこを利用している。 ・支点、力点、作用点はどこになるのかな。 ・てこを利用した道具はたくさんあることがわかった。	★知識・技能（オ） ▲てこの働きを利用した道具を、種類ごとに分けて整理する。
		《支点、力点、作用点の位置による分類》 （第1種）支点が力点と作用点の間にあるてこ……くぎ抜き・ペンチなど （第2種）作用点が力点と支点の間にあるてこ……栓抜き・空き缶つぶしなど （第3種）力点が作用点と支点の間にあるてこ……ピンセット・糸切りばさみなど	
8	活用2	○身近な道具を使って、砂袋を持ち上げる体験をする。	▲制限時間を設けて、自分たちで必要な道具を校内から調達してきて持ち上げる方法を考えさせる。 ▲安全には十分に配慮する。

授業のポイント・板書例・プリントなど	その他

【実験の様子】※第5時

右は、距離6、おもり1個（10g）とおもりが支点から遠いから、左は支点の近くにおもりを吊るしていこう。

右は距離6とおもり1個、左は距離2とおもり3個でつり合った。規則性がありそうだよ。

このあたりで「おもりの重さ×支点からの距離」の規則性に気づき始めるので、自由に実験を続けさせる。

左の距離とおもりの重さ、右の距離とおもりの重さに規則性があるから、いろいろと試してみよう。

右は距離6とおもり2個で、左が距離2とおもり1個に距離5とおもり1個だと…、あれ？　つり合わない！

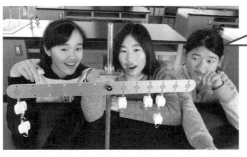

左が距離6とおもり2個の積で12。右が距離1とおもり1個の積と、距離3とおもり1個の積を足して4。あと8だから、距離4とおもり2個で…つり合った！！

第2章 ● 今の授業にプラスα

6年

使える！プリント・カード集

資料

☆使える！プリント・カード集

※200%でB5判、230%でA4判になります。

▼ P.45 　プリント1

▼ P.49 　プリント4

☆使える！プリント・カード集

※200%でB5判、230%でA4判になります。

▼ P.47 ［プリント2］

▼ P.47 ［プリント3］

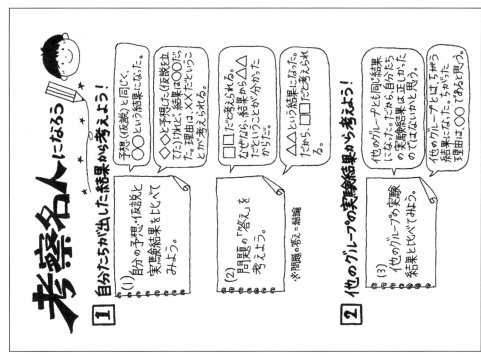

☆使える！プリント・カード集

※200%でB5判、230%でA4判になります。

▼ P.25 〔観察カード1〕

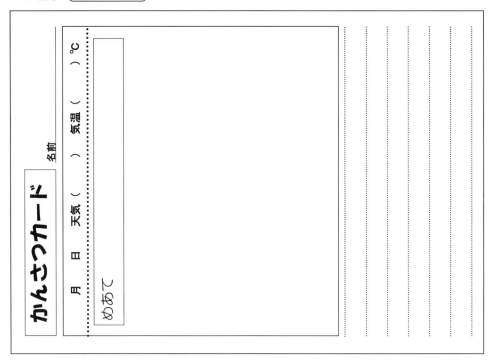

▼ P.75 〔観察カード1〕

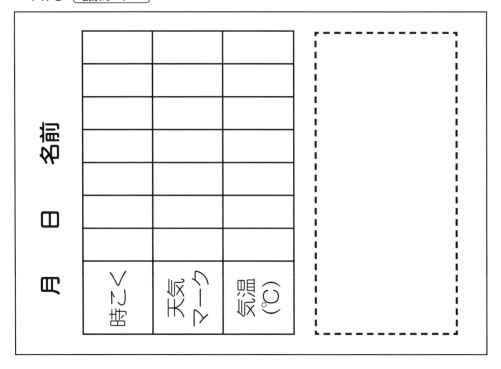

☆使える！プリント・カード集 ※200%でB5判、230%でA4判になります。

▼ P.97 プリント1

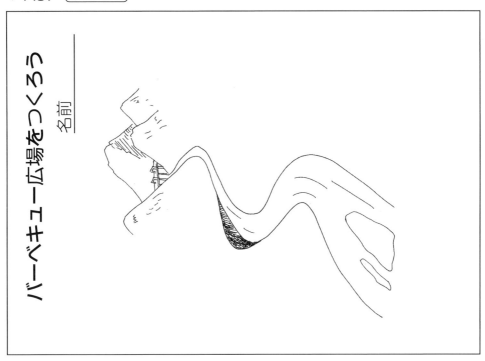

▼ P.125 プリント1

●編著者紹介

浅井 正秀（あさい まさひで）

東京都内の小学校教諭、教頭、校長を経て、現在、東京都葛飾区立葛飾小学校校長。専門は理科教育。今までに全国小学校理科研究協議会理事、東京都小学校理科教育研究会研究部長などを務める。

平成27年度版小学校教科書『新版 たのしい理科』（大日本図書）執筆者。

主な著書に、『さあ、学級通信をつくろう』、編著書に『移行措置完全対応 理科 追加単元の全授業』（以上、日本標準）などがある。

●執筆者一覧（五十音順）

浅井 正秀（あさい まさひで）	東京都葛飾区立葛飾小学校	校長
生田 香澄（いくた かすみ）	東京都足立区立平野小学校	教諭
稲垣 恵里（いながき えり）	東京都葛飾区立葛飾小学校	教諭
梶 勇太（かじ ゆうた）	東京都墨田区立第一寺島小学校	教諭
木下 俊一（きのした しゅんいち）	東京都葛飾区立葛飾小学校	教諭
酒井 千穂（さかい ちほ）	東京都府中市立府中第三小学校	教諭

（勤務先は2017年4月現在）

新学習指導要領対応
今の授業にプラスα 理科

2017年7月25日　第1刷発行

編著者　浅井 正秀
発行者　伊藤 潔
発行所　株式会社 日本標準
　　　　〒167-0052　東京都杉並区南荻窪3-31-18
　　　　電話　03-3334-2630 [編集]
　　　　　　　03-3334-2620 [営業]
　　　　URL　http://www.nipponhyojun.co.jp/

表紙・編集協力・デザイン／株式会社 オブラ・パブリケーション
表紙・本文イラスト／あらき あいこ
本文イラスト／涌田 利之
印刷・製本／株式会社 リーブルテック

ISBN978-4-8208-0622-6　　Printed in Japan

＊乱丁・落丁の場合はお取り替えいたします。
＊定価はカバーに表示してあります。